经典 历史

中国历史上著名的
画家

李默 / 主编

广东旅游出版社
GUANGDONG TRAVEL & TOURISM PRESS
悦读书·悦旅行·悦享人生

中国·广州

图书在版编目（CIP）数据

中国历史上著名的画家 / 李默主编 . — 广州 : 广东旅游出版社 , 2013.10（2024.11 重印）

ISBN 978-7-80766-658-5

Ⅰ .①中… Ⅱ .①李… Ⅲ .①画家－生平事迹－中国－通俗读物 Ⅳ .① K825.72-49

中国版本图书馆 CIP 数据核字 (2013) 第 221333 号

出 版 人：刘志松
总 策 划：李　默
责任编辑：何　阳
装帧设计：盛世书香工作室　腾飞文化
责任校对：李瑞苑
责任技编：冼志良

中国历史上著名的画家
ZHONG GUO LI SHI SHANG ZHU MING DE HUA JIA

广东旅游出版社出版发行
（广东省广州市荔湾区沙面北街 71 号首、二层）
邮编：510130
电话：020-87347732（总编室）020-87348887（销售热线）
投稿邮箱：2026542779@qq.com
印刷：三河市嵩川印刷有限公司
　　　（河北省廊坊市三河市杨庄镇肖庄子村）
开本：650×920mm　16 开
字数：105 千字
印张：10
版次：2013 年 10 月第 1 版
印次：2024 年 11 月第 3 次印刷
定价：45.80 元

出版者识

    《了解历史丛书》是一部全景式图文并茂记录中国文明历史的大书。出版者穷数年之力，会集各方力量——专家、学者、编辑、学术顾问们，在浩如烟海的历史档案、资料、著作中，探珍问宝，追寻中华文明在悠悠历史长河中的灿烂之光。此书的出版，凝聚了编撰者的心血，学术顾问们的智慧。尤其是李学勤先生，亲自动笔写下了序言，更增加了本书沉甸甸的分量。

    中华文明的历史充满了辉煌与苦难，成就和挫折。它的历史无处不在，决定着我们中国人今天的思想和感情。当今的中国和中国人是中华文明的历史造就的，是中华文明的历史的延伸，也是它的一个组成部分，中华文明的历史之河奔流到现在。

    中华文明是人类历史上最伟大的文明之一，是人类文明发展的主要构成。中华文明丰富、深刻、辉煌、博大，在人类文明中的骨干作用和领导作用人所共知。在人类文明的发源时期，中国就是四大古国之一，是地球上文化的策源地之一。在人类文明的早期，中华文明已成为文明在东方的支柱，公元前后200年间，人类的汉帝国与罗马帝国这两只铁手攫住了地球。在欧洲进入中世纪的时候，中华文明更成为了人类文明最主要的领导，它的文明统治东亚，传遍世界。进入近代，中华文明处于自身的重压和西方的欺凌下，但中国人民的斗争史和奋起精神是人类文明历史中不可缺少的一页。

    五千年的中华文明为人类贡献出了从思想家孔子到科学技术的四大发明、从唐诗宋词到长城运河的伟大创造，贡献出了从诸子百家到宋明理学，从商周铜器到明清文学的深刻内涵，也贡献出了从五霸七强到三国纷争、从文景之治到十大武功的辉煌历史。中华文明的历史绚烂多彩，在人类文明的历史长河中永放光芒。

    中华文明也是人类历史上最独特的文明，没有哪一个文明像中华文明这样持久，这样统一一致。世界上其他文明不但互相交错，其创造者也都与高加索人种有关，它们是姐妹文明。在人类历史中，只有中华文明才是独特的，它的创造者是中国土地上的中国人民，与其他任何地方的人民都没有关系，它的文化是统一一致的文化，可以不依赖于其他任何文明而生存，但中华文明也绝不是封闭的，它接受他人的文化，也承担自己对于人类的责任。

    人类进入新世纪，中国的社会经济发展令世人瞩目。人们对于世界未来的政治和经济结构的估计无不以东亚和太平洋为中心，而尤以中国为重点。

经济起飞只是当代中国的一个方面，中国的精神文明的建设尤为刻不容缓。如果中国要自觉地发展中华文明，要有意识地使中国的发展具有世界意义，就必须发展强有力的精神文化，这样才能使中华文明的发展进入一个新的阶段，才能形成中国和中华文明的全面现代化。

而中国的精神文化的发展植根于中华文明的伟大传统之中。进入近代之后，在西方文化的冲击下，对于中国文化的价值产生大量的情绪化和激烈冲突的论调。"五四"运动"打倒孔家店"的口号具有冲破封建束缚的时代意义，对中国文化的发展有不容否认的正面意义，与文化虚无主义是完全不同的。文化虚无主义者否定中国传统文化，在现代化的旗帜下主张全盘西化；而复古主义则沉迷于中国文化的古董，走进反进步、反科学的泥潭。

历史的发展则超越了所有这些论点，产生这些论调的一百多年来的中国近代史已经结束。历史要求中国发展，要求中国走在全世界发展的前列。西化论和复古论都已过时，历史已经要求世界超越西方，中国可以承担起世界的命运，而中国的现实和世界的历史都说明，中国的使命在于它的发展前进，而非倒退。

中华文明走出迷惘的时代，我们这一代处在一个伟大而具有挑战的历史阶段。

总结历史、展望未来，这就是《了解历史丛书》的意义和使命。我们创作《了解历史丛书》，力求总结和回顾中华文明的全貌，在内容和形式上都开创一个新的局面。在内容结构上，既具有一定的深度，又具有相当的广博性，既有严谨、准确的学术价值，又有活泼、流畅的可读性。我们在本丛书内容纳了中华文明的各个方面，使它综合了大规模学术著作的系统性、严密性和普及读物的全面性、简易性，它既可作为大型工具书检索中华文明的各个成分，又可作为通俗的读物进行浏览。

我们从上世纪90年代初起就开始思考中华文明的历史和现实问题，并逐渐形成了编著《了解历史丛书》的设想。在开展这项庞大的文化工程之始，我们就聘请了国内权威学者李学勤、罗哲文、俞伟超、曾宪通、彭卿云诸先生担任学术顾问，他们对计划作了充分讨论，并审阅了大量初稿。我们聘请了广州、香港地区的社会科学学者、大学教师、研究生以及我社编辑人员几十人担任稿件的撰写工作。

通过创作这部书，我们深深地感受到了中华文明的博大精深，也感受到了它的内在缺陷。中华文明具有辉煌的时期，也有苦难的年代，有它灿烂的成就，也有其不足的方面。中华文明在自身中能够吸取充分的经验和教训，就能够使自身健康壮大，成长发展。

通过创作这部书，我们也深深感受到了出版事业的使命和重任。我们希望这部书能受到广大读者的喜爱，起到它所应当起的作用。为中华文明的反省、前进和奋起作一点贡献。

目 录

顾恺之作《洛神赋图》/ 001

顾恺之代表魏晋绘画艺术高峰 / 003

谢赫著《画品》/ 006

萧绎作《职贡图》/ 009

萧绎称帝 / 011

画家阎毗入隋 / 013

展子虔发展山水画 / 014

阎立本丹青神化 / 016

李思训画山水 / 018

李仙蕙墓壁画已显盛唐气象 / 020

韩干画马 / 024

吴道子画名广播 / 027

"周家样"派画仕女 / 031

荆浩发展新画法 / 035

董源创江南山水画法 / 037

顾闳中作《韩熙载夜宴图》/ 041

黄筌、徐熙画花鸟 / 043

宋初三大家奠基宋山水画 / 047

李成山水画独成一派 / 050

范宽画山水 / 051

郭忠恕编《汗简》/ 054

黄居寀画花鸟 / 056

徐崇嗣创"没骨法" / 058

苏轼书画独辟蹊径 / 060

苏轼反对变法 / 063

文同画竹 / 064

李公麟白描 / 066

米芾画烟雨 / 069

王诜学李成而自成一派 / 071

苏轼去世 / 073

张择端作《清明上河图》/ 075

宋徽宗崇道 / 079

赵佶发展宋画院 / 081

宋徽宗主持作画谱 / 084

王希孟及二赵画青绿山水 / 086

李唐绘画承前启后 / 088

米友仁善画江南 / 091

苏汉臣画《秋庭戏婴图》/ 093

杨无咎画村梅/ 094

马远独步画院 / 096

刘松年称绝画院 / 101

梁楷善画人物 / 103

法常画法自然 / 106

李衎画墨竹 / 108

龚开、郑思肖以画抗元 / 110

米氏云山派流传 / 112

任仁发画《二马图》/ 114

何澄进呈界画 / 116

王冕诗画自成一格 / 117

赵孟頫绘画主张有古意 / 120

黄公望为元四家之冠 / 124

《图绘宝鉴》编成 / 129

吴门四家沈周文征明唐寅仇英创建领导吴门画派 / 130

唐寅绘画自成一格 / 137

仇英精研画技 / 142

画家文征明去世 / 145

董其昌开创松江画派 / 147

计成著《园冶》/ 151

顾恺之作《洛神赋图》

《洛神赋图》为东晋顾恺之的传世之作，充分体现了顾恺之在刻划人物内心世界和表现意境方面的才能。

顾恺之才高艺绝，勤于创作，据文献记载，他的作品有很多，但真迹都已失传。《女史箴图》和《洛神赋图》是现存的最要的两种摹本。《洛神赋图》今有宋代摹本5种。画卷为绢本，设色，长572厘米，高27厘米。

《洛神赋图》题材取自三国时曹植著名的《洛神赋》。这幅画分为三个部分，曲折细致地描绘出曹植与洛神真挚纯洁的爱情故事。画卷开端，曹植一行来到洛水之滨，惊看洛神之出现。洛神在云天、在水波间自由地遨游，"翩若惊鸿，婉若游龙"，这部分定名为"惊艳"。第二部分是"情"。曹植向洛神倾诉爱慕之心，洛神感动，与曹植互诉衷肠。接着青鸟传情，洛神依依不舍地离去。第三段为"偕逝"，画面从神话世界转为想象中的现实。洛神没有远逝而去，重又回到曹植的身边，一同乘楼船渡过洛水，喜结良缘，使人神之恋终于实现。

《洛神赋图》艺术上富于诗情画意，跌宕多姿，深具节奏感和音乐美。画家长于想象，构思精巧，洛神和曹植在一个完整的画面里多次出现，组成有首有尾的情节发展过程，而画面和谐统一，丝毫看不出连环画式的分段描写

宋摹本东晋顾恺之《洛神赋图卷》

的迹象。在人物造型上，此图典型地体现了顾恺之"以形写神"、"传神写照"妙在"阿睹"的艺术思想。洛神的飘逸飞动与曹植的雍容深沉形成了鲜明的对照。在山川景物环境的描绘上，无处不展现出一种空间美。一切景物均奇丽多姿，并化"景语"为"情语"，为人物传情达意服务，体现了早期山水画的特点。画家把神话境界用现实图景来作处理，既写实又富有浪漫情调，感染力十分强烈。

《洛神赋图》是中国美术史上不可多得的精品，也是顾恺之绘画艺术的代表作。宋代的摹本相当忠实于原作的气息，用笔细致遒劲，如春蚕吐丝，紧劲连绵，这种笔法，史称"高古游丝描"，我们可以从战国时代的《龙凤人物图》和《御龙登天图》看到这种技法的雏形。而画中的人物造型和神情的表达，显然又本于汉代民间绘画的传统。顾恺之能博采众长，阐发新意，因而将传统绘画推上一个新的高峰。在他之后，绘画的写实性更加深入，描绘能力迅速提高，画坛出现了一个新局面。

顾恺之代表魏晋绘画艺术高峰

义熙元年（405 年），著名画家顾恺之去世。

顾恺之（344 年—405 年）是东晋绘画的卓越代表人物，也是我国历史上著名的大画家、早期的绘画理论家。他出身士族高门，字长康，小名虎头，少年时便当上了大将军桓温的参军，后任散骑常侍。顾恺之多才多艺，名声很大，当时有"画绝、才绝、痴绝"的"三绝"称号。在绘画上，他总结了汉魏以来民间的和士大夫的绘画经验，把传统绘画向前推进了一大步。

顾恺之善画肖像，亦工山水，他认为绘画妙在传神，要以形写神，有"传神写照，尽在阿睹中"的妙语。青年时代，他为江宁瓦官寺作维摩诘壁画，当众为画像点睛，三日间便为寺院募得百万钱，此事轰动一时。他为裴偕画像，在颊上添上三毫，就使画像神采奕奕；画谢鲲则以岩壑为背景，因为谢鲲好游山玩水，故借此以表现其志趣风度。唐代书画评论家张怀瓘的《画断》说："像人之美，张（僧繇）得其肉，陆（探微）得其骨，顾（恺之）得其神，以顾为最。"一语奠定顾在绘画史上的地位。顾恺之本人在其画论里也说，画"手挥五弦"固然不易，但画"目送飞鸿"更难。此语正体现了他对神形兼具的追求，这一点对后来的中国画创作和绘画美学思想的发展，有很大的影响。

顾恺之的绘画题材涉及道释、人物、山水、禽鸟，无所不包，有文献记载的不下六、七十件，但真迹均已失传。从流传至今的被认为是顾恺之原作摹本的《女史箴图》、《洛神赋图》、《列女仁智图》中可以看出顾恺之艺术的风格和神韵。

《女史箴图》（唐摹本）是依据西晋张华的文学作品《女史箴》而画，从"班婕有辞，割欢同辇"起至"女史司箴，敢告庶姬"止，共分九段。内容是

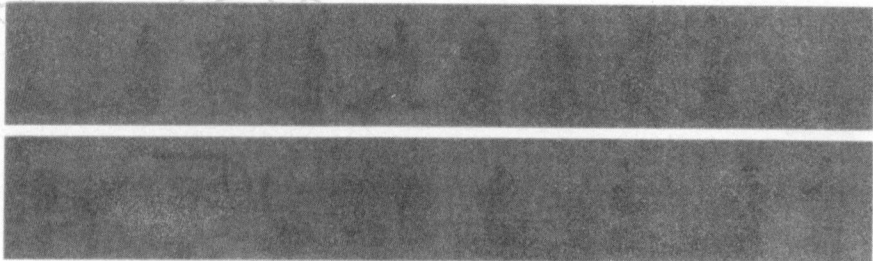

宋摹本东晋顾恺之《列女仁智图卷》

宋摹本东晋顾恺之《洛神赋图卷》（局部）

教育宫中妇女如何为人的一些封建道德规范，但图卷中出现的是一系列动人的妇女形象，有冯婕好奋起驱熊的矫健，有班婕婉言辞辇的端庄，有宫女日常梳妆的妩媚。画中的人物"笔彩生动，髭发秀润"，衣带迎风飘举，仪容典雅自然；其创造绘画形象的主要特征是注重用线造型，线条以连绵不断、悠缓舒展的形式体现出节奏感，用线的力度不大，如"春蚕吐丝"一样。顾恺之已将战国以来的"高古游丝描"发展到了完美无缺的境地。

《列女仁智图》（宋摹本）同样表现了传统题材，全卷原分15段，现存"楚武邓曼"、"卫灵公妻"、"孙叔敖母"等8段，画后题赞。画卷布局方式与形象特征与《女史箴图》相近。虽沿用自汉以来的传统题材，但在情节的表现上则注意到以人物的动态来处理相互之间的关系。

《洛神赋图》（宋摹本）是依据诗人曹植的文学创作而画成的，反映了顾恺之创作题材的扩大。绘画以故事的发展为线索，分段将人物及情节置于自然山川的环境中展开描绘。画中的洛神含情脉脉，若往若还，表达出一种可望而不可及的惆怅情意，体现了顾恺之概括为"悟对通神"的艺术主张。

后人对顾恺之的画法和风格论述颇多。唐人张彦远在《历代名画记》中说："顾恺之之迹，紧劲联绵，循环超忽，调格逸易，风趋电疾"，元人汤垕在《画鉴》中形容顾恺之用笔"如春云浮空，流水行地"，"傅染人物容貌，以浓色微加点缀，不求薄饰"。他在画法上师承卫协精细一体，开创后世"密体"一派，表现了魏晋之际绘画艺术的时代特征。顾恺之的绘画理论和创作实践代表了魏晋南北朝绘画艺术的最高成就。

谢赫著《画品》

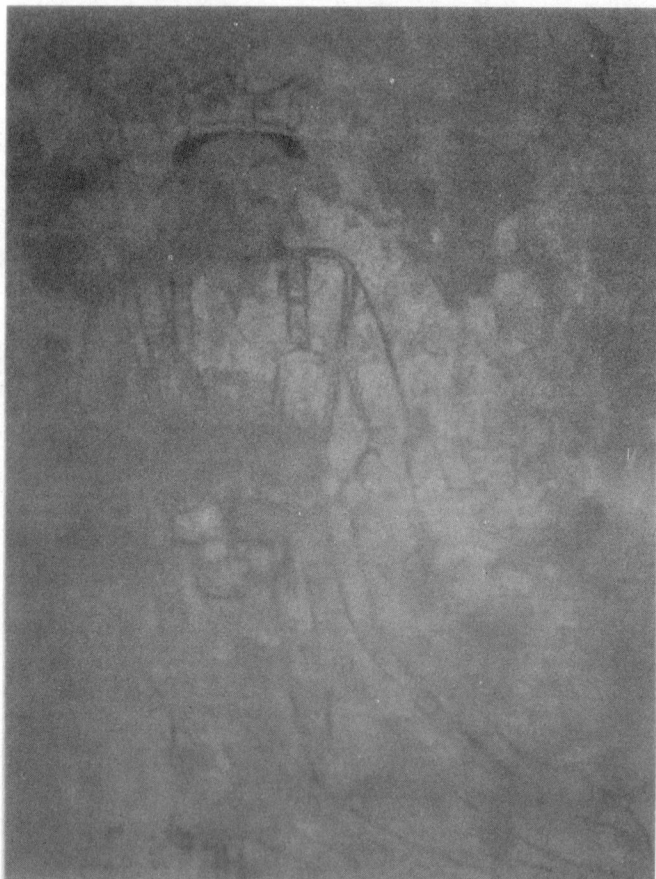

大约南朝梁武帝之时，谢赫著成《画品》一书。谢赫，生卒年不详。南朝齐、梁人，生平事迹不可考。擅长绘画，尤善人物肖像。具有很强的默画能力，只需看一眼便能操笔作画。所绘当时贵族仕女，不囿于成规，具有一定的创新精神。由于谢赫著作了《画品》，他更以绘画理论家而享誉后世。

《画品》开宗明义阐明该书的宗旨在品评画家艺术之高下，又提出绘画的社会功能为使人为善、

北朝武士壁画。左手执仪刀，作守卫状。画面用墨色线条勾画轮廓，用红色晕染人物面部和衣服边缘及起褶处，以增加人物的立体感。

北朝门卫壁画。此门卫头戴漆纱笼冠，簪貂，著浅色宽袖衫，长须飘逸，形貌清秀文静。体现了北朝肖像画的卓越水平，极珍贵。

促人上进及记载历史事物。特别提出"画有六法"，即气韵生动、骨法用笔、应物象形、随类赋彩、经营位置及传移模写（亦作传模移写）。并用此六法作为衡量画家艺术水平的标准，对上至三国下迄当时的古今画家27人的艺术优劣高下进行品评，按其优劣分别纳入六品。

谢赫的六法标准与所评的六品之间存在着内在联系，并彼此互相对应。第一品为最高评价，那些达到"六法尽该"、"六法尽善"的画家（如陆探微、

了解历史丛书 中国历史上著名的画家

007

卫协等）列入此品。但他把特别以气韵生动见长的画家（如张墨、荀勖）亦列于第一品；第六品评价最低，那些在六法中显示不出任何特长的画家（如宗炳）列入此品；对大多数画家在六法中虽未取得全面成就但却各有所长的，则分别定品，把以骨法用笔见长的画家（如陆绥等）列入第二品；把长于经营位置的画家（如毛惠远、吴暕等）归入第三品；把以传移模写见长者（如刘绍祖）列于第五品。

　　谢赫根据自己亲见的作品，列名品评三国至齐梁间的27位画家，对他们的题材、技法、师承关系、艺术风格等加以评论，大体是实事求是的，但对其中部分画家的品评有失偏颇，如将顾恺之列入第三品，把宗炳列入第六品，引起后世画品家的非议。继《画品》之后，历代画品著述不断，如梁、隋姚最《续画品》、唐代彦琮《后画录》等，都程度不同地受到此书的启发。谢赫首倡的六法论，也为历代画品家所沿用，并逐渐推广，应用到山水、花鸟等画科，成为绘画的总法则和代名词。但后世对六法的内容和排列次序有所改变，尤其对"气韵生动"，所论每多玄虚，有失谢赫本旨。

　　《画品》是中国现存最早的一部完整地评论画家艺术的绘画理论著作。书中所倡六法，全面地概括了绘画批评的艺术标准，完整地确立了绘画创作的艺术规范，是绘画美学思想的优秀遗产，对后世影响深远。《画品》也为中国古代绘画史保存了大量宝贵的资料。

萧绎作《职贡图》

　　梁元帝萧绎（508年—554年）任荆州刺史时于大同六年前后所作的《职贡图》，真实地描绘了当时外族的人物形象与风土人情，在艺术史上具有重要的价值。此图又称《蕃客入朝图》，原绘有25位使者，现传的北宋摹本已残损，仅存使者12人，即滑国、波斯、百济、龟兹、倭国、狼牙修、邓至、周古柯、呵跋檀、胡密丹、白题、末国的使者。每一使者像后有一简短题记，记述这个国家与地区的概况与历来交流的史实。图中人物的形态描绘相当准确精妙，并通过不同地区人物各异的服饰装束、颜面肤色、举止形态表现出人物不同的气质、性格和情态。如滑国使者表现了西北民族的特征；狼牙修使者另具一种热带气息；倭国使者身上透露出岛国风情。这张画最重要的成就在于人物面貌的刻画各有千秋，使者们有的文静、秀弱，有的朴质、豪爽，各有显著的性格和地域特征。而不同的人物又都有作为使者的喜悦和恭敬的表情，表现出作者艺术手法上的多样性和统一性。

宋摹本梁萧绎《职贡图卷》

萧绎称帝

萧绎（508年—554年），字世诚，梁武帝萧衍第七子，盲一目，少聪颖，好文学，善五言诗，博览群书，能通佛典，但性矫饰，多猜忌，初封湘东郡王。后任侍中、丹阳尹，普通七年（526年）出任荆州刺史，都督荆、湘、郢、益、宁、南梁六州诸军事，控制长江中上游。太清二年（548年），侯景叛梁围建康，梁援军自四方至者达二三十万人，而握有实力雄厚的荆州军的萧绎，仅派其子萧方等率步骑万人往救，后迫于舆论压力，又派大将王僧辩率舟师万人增援。台城陷落后，六兄萧纶在郢州（今湖北武昌）被推为中流

北齐车马人物壁画

盟主——都督中外诸军事，将讨侯景。萧绎却派王僧辩率水军万人进逼郢州，纶军溃散，纶逃至汉东，后被西魏擒杀。自大宝二年（551年），荆州军在王僧辩、陈霸先率领下屡胜侯景。三年，收复建康，平定侯景之乱，然后，入城后荆州军不但将萧栋兄弟三人沉水溺死，且纵兵蹂掠，浩劫建康。十一月，萧绎于江陵称帝，改元承圣，是为世祖元皇帝。此时，江北诸郡，多被东魏侵占，梁、益二州已并入西魏，雍州一镇也沦为西魏附庸，江陵政权诏令所行，千里而已，民户不满三万。

承圣二年，元帝先平定据有长沙的湘州长史陆纳，后又邀西魏出兵攻蜀，斩杀举兵东下的梁武帝第八子萧纪于巫峡口。绎称帝后，朝中以王褒、周弘正为首的世家大族主张还都建康，否则与列国诸王无异；而以宗懔、黄罗汉为首的荆州军将却主张定都江陵。绎终决定定都江陵。

承圣三年九月，已经取得梁、益，进而凯觑江汉地区的西魏宇文泰命于谨、宇文护率步骑五万南侵，又得襄阳萧詧助战，十一月江陵城陷，萧绎被执处死。西魏将城中百姓十余万口驱归关中，以萧詧为梁王，使守江陵空城，次年，绎子方智在建梁称帝。

画家阎毗入隋

阎毗,榆林盛乐(今内蒙古和林格尔)人,居住在雍州万年(今陕西西安)。北周上柱国宁州刺史阎庆之子。581年,因为北周灭亡,上柱国归附隋。

阎毗7岁时便继承爵位任石保县公,周武帝时期被选为附马,娶清郡公主为妻。阎毗喜爱研读经典史学丛书,并熟悉写作技艺,又善于书法绘画,尤其是草书、隶书两种体例的书法十分娴熟。隋文帝对他的才华很是赞赏,并授予他车骑将军的称号。

隋炀帝时期,阎毗接受命令修建辇辂,绘制工程图样,画笔精妙异常,在维修和构图过程中,善于在吸取传统经验的基础上加以创新、改进。由于他竭尽全力地效忠隋朝,因此官至朝散大夫、将作少监,并主持修筑长城,开挖运河等工程。

阎毗在一次跟随隋炀帝征战辽东的路途中去世,享年50岁。他的儿子阎立德和阎立本都是初唐时期的大画家。

展子虔发展山水画

展子虔，生卒年不详，渤海（今山东省）人。约活动于 6 世纪后半叶，历北齐、北周，在隋任朝散大夫、帐内都督等职。擅长绘画，创作范围广泛，善画台阁、人物、鞍马、佛道、车舆、宫苑、翎毛、历史故实等。其足迹遍及大江南北，在洛阳、西安、扬州及浙江等地的寺观中作菩萨等壁画。所画物象，生动而富有情趣，颇为时人所重，与其时另一名画家董伯仁齐名，有"董展"之称。展绘画善于创新，人物描法甚细，以色晕开面，善用紧密的线条，把所绘对象的性格特征和神态面貌表现得栩栩如生，为唐代人物画法开辟途径。画马注重描绘马的动态，所绘之马立者有走势，卧者则腹有起跃势。

隋展子虔《游春图》，此图卷历来被视为中国山水画发展中一幅划时代的作品。卷长 80.5 厘米，高 43 厘米。画中春山平湖，游骑游艇，花树繁密，以山水作为构图的本体，人马、山树比例适宜，花草服饰随类敷彩，呈现富丽典雅的古拙美。这种画法，至唐代发展为青绿山水画法。

展子虔影响最大的为山水画，传世《游春图》是现存古代山水画的重要作品，也是迄今所保存的最早的卷轴山水画。现藏故宫博物院，画长80.5厘米，宽43厘米，绢本，青绿设色，卷前题鉴为宋徽宗赵佶手书"展子虔游春图"。画面上，阳春三月、绿树红花、青山水碧的郊野中，贵族、仕女泛舟骑马，踏青赏春，景色极为优美。展子虔通过圆劲的线条和浓丽的青绿色彩描绘了上述图景。在画面的空间处理上，改变了过去人大于山、水不容泛、林不排列的比例失调状况，尤其在描绘湖水微波、广阔深远方面，颇为成功。在表现技法上，先把山川屋宇的轮廓用墨线勾出，再填敷青绿色彩，然后用深色重加勾勒。树木、人物则直接用色点出，虽然形体较小，但亦生动有致。画面整体色彩典雅，富于装饰感。

展子虔在山水画上所达到的成就及绘画方法，为唐画家李思训父子所取法，后世誉为唐画之祖。

阎立本丹青神化

阎立本（？—773年），初唐杰出的工艺家与人物画家。初为秦王府库直，626年，受命画《秦府十八学士图》，贞观十七年（643年），又应诏画《凌烟阁功臣二十四人图》。另外，他还作有《西域图》、《永徽朝臣图》、《步辇图》及《历代帝王图》。他继承家学，尤其擅长绘画，他的画笔线条圆转流畅，疏畅坚实，色彩渲染浓重凉净，富有韵律感，构图比例和谐，技法纯熟，刻画入微。他常常配合当时政治上的重大事件来进行创作，以他敏锐的目光，纯熟的技法，留下了具有深远历史意义的一瞬间。他的画尤以《步辇图》和《历代帝王图》备受后人推崇。

《步辇图》描绘的是贞观十五年（641年）唐太宗把文成公主嫁给吐蕃王松赞干布，松赞干布派使者禄东赞来大唐迎公主受到太宗接见的历史事件。《历代帝王图》描绘了西汉至隋的十三个帝王像，创作主旨是为了"戒恶思贤"。从画面可以看出，阎立本非常注意整幅图画中人物的比例，避免孤立脱节，有重点有分寸地刻画了不同人物在特定场合中的各种动作、表情、心理状态。他笔下人物形象丰满，骨肉匀称，

阎立本《伏羲女娲图》

唐阎立本《步辇图》，作品以贞观十五年（641年）吐蕃首领松赞干布与文成公主联姻的历史事件为题材，描绘唐太宗李世民接见来迎娶文成公主的吐蕃使臣禄东赞的情景。李世民端坐在宫女抬着的"步辇"（此图即以此为名）上，禄东赞和朝臣内侍站立一旁。不同人物的身份、气质、仪态和相互关系，在画家的笔端得到了适当的反映。作者以细劲的线条塑造人物形象，具有肖像画的特征。线条流利纯熟富有表现力。色彩浓重、鲜艳而又和谐沉着。这是一件具有重要历史价值和艺术价值的作品。

善于选用特征性情节，注意刻画人物面部五官的不同。除了在长卷限制的构图上寻求一些变化外，他一般还着力于刻画人物个性的差异。如在《历代帝王图》中，他根据帝王们各自特点和对其功过的"正统"评价，对其个性特点加以表现，并将自己的褒贬融诸于笔端。但是画家又非常注意在表达自己的褒贬观时从写实出发，重在内心状态的刻画而不是流于表面形象的漫画化或过分夸张，显得含蓄精妙。阎立本的人物画在吸取前人丰富经验的基础上，将秦汉的纯朴豪放与魏晋的含蓄隽永融合在一起，使我国人物画进入一个精湛瑰丽的新时期。唐代评论家认为阎立本的画"六法该备，万像不失"，"像人之妙，号为中兴"。他的丹青对后世影响颇大，他是开一代画风的划时代人物。他的画体现了他的艺术风格和政治素质，使他成为初唐最具代表性的著名画家。后人称赞他"兼能书画，朝廷号为丹青神化"。

李思训画山水

李思训（651年—718年）字建，是唐朝宗室，擅长山水画。历武后、中宗，至玄宗李隆基时，官至左武卫大将军之职，所以也称大李将军。《唐书·李叔良传》记述："思训尤善丹青，迄今绘事者推李将军山水。"《历代名画记》也称他"早以艺称于当时，一家五人，并善丹青。世咸重之，书画称一时之妙"。"思训子昭道，……变父之势，妙又过之。官至太子中舍。创海图之妙。世上言山水者，称大李将军、小李将军。昭道虽不至将军，俗因其父呼之。"李思训、李昭道父子继承展子虔、郑法士"细密精致而臻丽"的风格，使青绿山水趋于成熟。他们已能比较真实地描绘山川景色，并能通过致密的刻画，构拟动人的意境。唐代诗人牟融在《题李思训山水》诗中记述思训所画山水景色说："卜筑藏修地自偏，尊前诗酒集群贤。丰岩松暝时藏鹤，一枕秋声夜听泉。风月漫劳酬逸兴，渔樵随处度流年。

传李思训作《江帆楼阁图》

南州人物依然在，山水幽居胜辋川。"使诗人触景生情的是画中所呈现的景物。松林、清泉、渔樵、幽居所构成的平远山川，表达了当时士大夫所追求的意趣。

台北故宫博物院收藏的《江帆楼阁图》，传为李思训所作，图中江流空阔浩渺，风帆飘举。画以细笔描绘山石外廓，长线勾勒峰峦结构，略作皴斫，布以青绿重色。与展子虔《游春图》相比，另有一种雄浑淼远的气势。传为李昭道的《明皇幸蜀图》（台北故宫博物院藏），画面奇峰突兀，白云缭绕，山石勾勒无皴，青绿设色。虽为宋人传摹，与李氏画风相近。

李仙蕙墓壁画已显盛唐气象

　　李仙蕙墓壁画画像大小与真人相近，形态生动，富有神韵，线描气脉连贯，流畅浑圆，丝毫没有板滞之感，已显示盛唐气象。

　　墓主李仙蕙即永泰公主，唐中宗李显之女，字秾辉，嫁武延基为妻，大

　　永泰公主墓女侍壁画，画面构图生动，线条劲健流畅，服饰略施晕染，宫女性格鲜明，是唐墓壁画中的精品。

唐女侍壁画

唐女侍壁画

足元年（701年），17岁时去世。中宗神龙二年（706年），与其夫合葬于乾陵。墓址位于今陕西省乾县北原。

该墓葬分墓道、天井、过洞、甬道、墓室5个部分，全长87.5米。壁画分布在墓道、过洞、甬道和墓室。墓道壁画分东、西两壁，内容为武士仪仗队、青龙、白虎、阙楼城墙、山水、树木。其中武士仪仗队分5组，每组6人、6戟架、2匹马、马伕2人，威武雄壮，是墓主生前仪卫的写照。过洞有5个，1、2、3洞绘有宝相花平棋图案；4、5洞绘有云鹤和宝相花平棋图案。甬道分前、后甬道，壁上绘有人物、花草、假山和红珊瑚，顶上绘有平棋图案和云鹤。墓室由前、后墓室组成。前墓室顶部绘有星象图，东壁有侍女图2幅；南侧有侍女9人，手持玉盘、方盒、烛台、扇、高足杯、拂尘、包裹等，表现了墓主生前的奢华生活；北侧绘有手持小盒、烛台等物之侍女 7 人；北壁东、西侧各有侍女 2 人；西壁有侍女 9 人。后墓室绘有男侍和女侍，顶部为星象图。此墓壁画的精妙之作为侍女图。她们虽有队列，但却高低错落，疏密有致，左顾右盼；微笑者有之，沉思者有之，把一群聪明活泼、天真烂漫、美丽可爱的少女描绘得栩栩如生、呼之欲出。

李仙蕙墓壁画为陕西唐墓壁画精品，接近盛唐绘画风貌，在中国古代壁画史上占有重要地位。

韩干画马

　　韩干是唐代画家，京兆人（今陕西西安），开元。天宝年间（713年—756年），十分活跃，负有盛名。他善画肖像、人物、道释、花竹、尤工鞍马。他重视写生，遍绘宫中及诸王府之名马。因为画马，他与当时画牛高手戴嵩，被并称为"韩马戴牛"。

　　韩干画马，神形毕肖。他初师曹霸，但又突破了曹霸、陈闳、韦偃等的程式，继承了汉代以来的优良绘画传统，而"古今独步"。他以真马为师，创作态度十分严谨，但也不是客观复制与再现。宋董在《广川画跋》中说："世传韩干凡作马，必考时日，面方位，然后定形、骨、毛色。"由此可见其认真创作的精神。他画的马比较肥壮，态度安详，这是因为他观察的是御马。他一改前人画马螭颈龙体，筋骨毕露、姿态飞腾的"龙马"作风，以精炼的

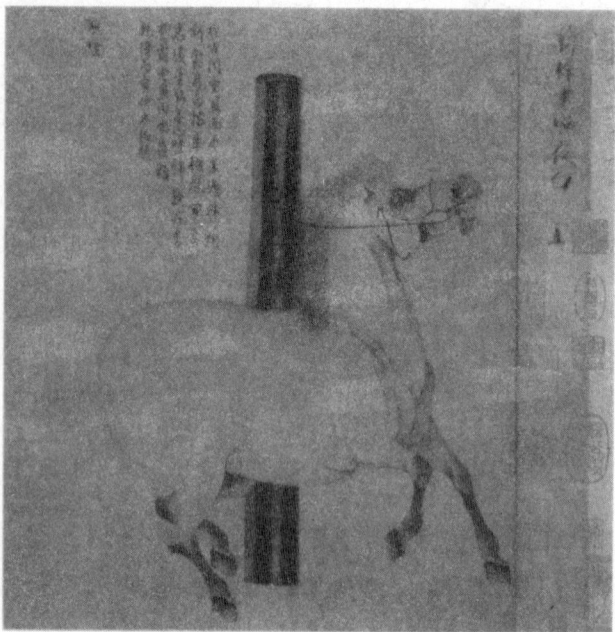

韩干《照夜白图》卷，"照夜白"是唐玄宗李隆基的坐骑，此图用笔简炼，线条纤细道劲，马身微加渲染，雄骏神态已表现出来。

韩干《牧马图》册。图中画黑白二马，一奚官虬髯戴幞头，手执缰缓行。此图线条纤细遒劲，勾出马的健壮体形，黑马身配朱地花纹锦鞍，更显出其神采；人物衣纹疏密有致，结构严谨，用笔沉着，神采生动，纯是从写生中得来。

写实技法，创造出富有盛唐时代气息的画马新风格。他注重比例准确，加强劲健感和力度运动，主要以匀细圆劲的线条描出马体，配以渲染，产生色度变化，使画面传达出一种生命节奏。

　　同时代人和后人对他画的马，赞赏备至。杜甫《画马赞》中说："韩干画马，毫端有神"；苏东坡《韩干马》中说："少陵韩墨无形画，韩干丹青不语诗"，正是对他最恰当的评价。韩干曾作《玉花骢图》、《照夜白图》、《牧马图》、《洗马图》、《八骏图》、《百马图》等，代表了唐代鞍马作品的风格。

吴道子画名广播

　　吴道子（约686年—760年前后），后改名道玄，尊称吴生，阳翟（今河南禹县）人，少孤，生活贫寒，早年为民间画工，很快就熟谙画理。曾有5年担任低级官吏的生涯，后来浪迹东都洛阳，随张旭、贺知章等学习书法，最终成了专门画师，开元年间（713年—741年），被唐玄宗召入宫中担任宫廷画家。他以精湛的技艺和旺盛的创造力，绘制了大量的宗教画、历史画和政治肖像画，以善绘人物、佛道、神鬼、山水、鸟兽、草木、台殿而著称于世，声名被广为传播。

《释迦降生图卷》。又名《送子天王图》，纸本，墨笔画，传为唐吴道子所画，或说是宋李公麟手笔。画中所绘释迦降生场面，具有鲜明的中国风格，表明佛教已融入中国文化之中。

　　唐《渡海天王图》，绢本设色。属"吴家样"风格的作品。描绘毗沙门天
及随从眷属乘云渡海。毗沙门天为佛教护法四天王之一，亦称北方天王。图
为天王戴华丽高冠，体态魁梧，身披皮甲，威风凛凛，右手持戟，左手有云
气上升，云中出现一宝塔。这种武将为初唐以来流行的绘画形象。该画构图
用笔与敦煌172窟壁画相近，尚存盛唐画风。

　　活跃于国力强盛、经济繁荣的盛唐时期的吴道子，喜与文人名流交往，又游历各地，在绘画上远师张僧繇，近法张孝师，早年绘画继承了六朝行笔流丽纤细的风范。唐代文学艺术的空前发展，中外文化交流，各艺术门类的沟通，为他的艺术才能的发挥提供了契机，通过广泛的学习，中年以后笔迹磊落逸势，高度成熟。

　　大型经变是唐代佛教壁画发展得最为完善、最有时代特点的绘画形式，从南北朝到唐代，已经历了长时间的发展变化，积累了许多绘画艺术技巧和经验，吴道子在此基础上，潜心研习，在洛阳、长安两地寺院绘制了300多堵宗教壁画，其《地狱变相》名噪一时，这些壁画具有各种不同的情境与气氛，塑造的形象异彩纷呈，天女、力士、菩萨惟妙惟肖，而且都是一些生命活力充沛的形象，创作才能和艺术技法达到了得心应手的阶段。由此，他的宗教画仪范被尊为"吴家样"而成为极为流行的艺术样式，他所创作的宗教画在当时和后代不断地被传摹。从现存的唐代壁画、石刻以及寺塔出土的唐宋佛教图卷中，可以探寻吴道子绘画的风貌。《渡海天王图》是属于"吴家样"风格的作品，天王孔武有神，侍从气势雄壮，整个画面具有统一的气氛与强烈的运动感，传说他"援笔图壁，飒然风起"，达到"天衣飞扬，满壁风动"的效果，技巧工致而色彩绚丽，在构思设计和形象塑造上显示了当时最高的艺术水平。

　　天宝年间，吴道子奉旨游蜀归来，在大同殿画出嘉陵江三百余里的旖旎风光，受到唐玄宗的极力赞赏。他还奉诏绘制了一些历史画和政治肖像画如《金桥图》。

　　在艺术上，吴道子富有创新精神，他用状如兰叶或莼菜条的笔法表现衣褶，圆转而有飘举之势，被称为"吴带当风"。他创立的白描画主要用笔和线型，洗练而疏阔，往往只一二笔，就已具象，后人将他和张僧繇合称为疏体画家以区别顾恺之和陆探微的"密体"。他善于通过墨线的肥瘦抑扬，表现出物象的运动感和量感，而且其人物造型重视眼神描写和夸张手法，且避免了公式化。白描所用线条组织规律，描绘出了物体的凹凸面，阴阳面，收到了飘逸、柔软的艺术效果，较好地解决了"线"和"面"、"透视"与"角底"、阴面与阳面处理等矛盾。

吴道子被历代画家奉为不可超越的高峰，尊为"百代画圣"，在中国绘画史上地位无可企及。

他的《天王送子图》被视为"天下第一名画"（明泰昌元年张丑跋）。吴道子落笔雄劲，敷粉简淡，线条遒劲雄放，变化丰富，改变了高古游丝描的细笔，发展为线描的技法，表现出的物象富有运动感节奏感。吴道子对我国民间绘画艺术起了承先启后的作用，他的艺术标志着外来画风的结束，新的民族风格的确立。他所画人物、鬼神、鸟兽、台阁各种绘画都取得了卓著的成就。历代油漆彩绘工匠和塑像工匠也都奉他为祖师爷。

苏东坡说："诗至杜子美，文至韩退之，书至颜鲁公，画至吴道子，而古今之变，天下之事毕矣。"

"周家样"派画仕女

以中唐画家周昉为代表的"周家样"是具有影响的一派绘画风格，和吴家样一起它们代表了同属于中原地区具有时代特色的两种风格。周家样派以中唐周昉为代表人物，其后有一批描绘宫苑人物的南唐画家。但周家样派实际还包括了初、盛唐一批以描绘贵族仕女生活的画家。其中知名的杰出艺术家如张萱和韩干，他们曾给周昉以很大的影响。

张萱及其以前的表现贵族妇女生活的作品，已逐渐形成"秾丽丰肥"的风格。他的代表作《捣练图》和《虢国夫人游春图》反映了当时的社会现实。人物间相互关系生动而自然，疏密有致，神情从容，仪容端丽。他既重视人物形象的塑造，又注意到富有情趣的细节，人物欢愉活跃。

唐周昉《簪花仕女图》。绢本设色。周昉（约公元八世纪），字仲郎，（《历代名画记》作景玄），京兆（今陕西西安）人。官至宣州长史。能书，善画人物、佛像，尤其擅长画贵族妇女，早年效仿过张萱，后来加以变化。笔法劲简，用色柔丽。《簪花仕女图》传为周昉所作，取材当时贵族仕女游乐的典型生活。丰颊厚体的形象，打扮艳丽入时，用同时代的大诗人元稹、白居易的题咏之作进行验证，悉合符节。此图不作概景，仕女、白鹤等几乎作等距离安排，画后以辛夷花点缀，时代特征显著，是一幅具有典型的唐贞元年间贵族风尚的真实写照。它不仅显示了唐代绘画艺术的光辉，而且是形象反映历史的一面镜子。

周昉是继张萱之后以表现贵族妇女著称的画家。

周昉生卒年不详，出身贵族，字景玄又字仲郎，京兆（陕西省西安市）人。关于周昉，见于记录的最早活动时间是766年—779年年间，最后活动时间是785年—804年年间。他的仕女画初效张萱，后则小异，具有用笔秀润匀细，衣裳劲简，色彩柔丽，人物体态丰厚的特点。由于他生活在唐朝经过安史之乱后由盛而衰、社会矛盾日渐尖锐的时候，所以他笔下的妇女已不同于张萱作品中的一团欢愉之气。人物虽然装饰得花团锦簇，但掩饰不住内心的寂寞和空虚，仿佛沉湎在一种百无聊赖的心态中，茫然若失，动作迟缓。他的传世仕女图著名的作品有《纨扇仕女图》《簪花仕女图》，线条秀劲细丽，铺排穿插工整有致，竭其骨法用笔的传神写貌之能事，赋色柔丽多姿。结构井然，布势合度，或坐或立，或正或侧，或聚或散，均经过悉心推敲。《纨扇仕女图》对于了解"周家样"的内在意蕴具有重要意义，画家通过仕女丰肥秾丽的仪态，刻画了不同人物的性格与情思。宫廷妇女秀丽的外表透露出内在的悲寂心绪，绚丽的画面掩饰不住透过纸背的空虚和无奈。

周昉有"画仕女，为古今冠绝"的美誉。他的画风在后代仕女画尤其是工笔重彩仕女画作品中得以发扬。供职南唐画院的画家，大都仿效周昉风格，他们以描绘宫苑人物见胜。画家周文矩的《宫中图》画妇女童子 81 名，"体近周昉而纤丽过之"，是对周家样笔法的吸收再创。

　　周昉除了善画仕女，在佛像画方面也别树一帜。他首创美丽端庄的"水月观音"，成为历代画家沿用的形式，有"周家样"之誉。

荆浩发展新画法

中国五代后梁时期的荆浩，因为中原一带战乱频繁，政局动荡，于是就隐居太行山的洪谷，自号洪谷子。隐居生活中，荆浩耳濡目染于山川美景，师法自然从而得就一手好画。

荆浩对中国山水画的发展作出过重要贡献，将唐代出现的"水晕墨章"画法进一步推向成熟。他对唐人山水笔墨颇有心得，写有《笔法记》传世。他认为"吴道子画水有笔无墨，项容有墨无笔，吾当采二子之长，成一家之体"，从而形成以笔墨见重的山水画面貌，标志着中国山水画的一次大突破。他创造了全景式山水画的风格，其特点是在画幅的主要部位安排气势雄浑的主峰，在其他中景和近景部位则布置乔窠杂植，溪泉坡岸，并点缀村楼桥杓，间或穿插人物活动，使得一幅画境界雄阔，景物逼真和构图完整。传世作品《匡庐图（藏台北故宫博物院），气势恢宏，层次井然。山水树石，皴染兼用，充分发挥了水墨笔法的表现力，体现了荆浩本人追求山水"气质俱盛"的艺术境界。他的这种全景式山水画，奠定了稍后曲关全、李成、范宽等人加以完成的全景山水画的格局，推动了山水画走向空前的全盛期。历代评论家对他的艺术成就都极为推崇。

荆浩所著的《笔法记》，在中国古代画论中最早全面系统地论述了山水画的创作方法和艺术准则，提出了"六要说"，即画要有"气"、"韵"、"思"、"景"、"笔"、"墨"。他强调对自然形象的观察、认识、体验，并经过作者提炼、整理，创造出更为真实生动的艺术形象，这一卓越见解，在绘画理论发展中具有重要意义。"六要"除了吸收和继承了中国古代画论中的气韵、用笔、立意等说之外，还特别标榜"景"和"墨"，反映了山水画历经隋唐五代

荆浩《匡庐图》，清孙承泽评价此图道："中挺一峰，秀拔欲动，而高峰之右，群峰瓒岏，如芙蓉初绽，飞瀑一线，扶摇而落。亭屋、桥梁、林木，曲曲掩映，方悟华原（范宽）、营邱（李成）、河阳（郭熙）诸家，无一不脱胎于此者。"对此图评价极高。图画庐山及附近一带景色，结构严密，气势宏大，构图以"高远"和"平远"二法结合，而其深远、奥冥、缥缈尽得其当。画法皴染兼备，皴法用"小披麻皴"，层次井然。全幅用水墨画出，充分发挥了水墨画的长处，正如荆浩自己所说："吴道子画山水，有笔无墨；项容有墨无笔，吾当采二子之所长，成一家之体。"

时益趋发达和水墨画越来越受到重视的时代风尚。

文中还指出绘画中的"有形之病"和"无形之病"。认为"有形之病"只是犯有"花木不时"、"屋小人大"等错误，虽然不能改变，但还是容易辨识。而无形之病是画中缺少气韵形象死板没有活气，那就更为严重和难以补救。这也同样反映了荆浩重视神形兼备的可贵主张。

董源创江南山水画法

南唐时活跃在江油的董源，取南方山川丰茂秀润、葱笼浓密的特质，融汇唐人青绿和水墨技法，独辟蹊径，创造水墨，色彩并用，披麻皴和苔点相结合的画法，开创江南山水画派。董源宁叔达，钟陵（今江西进贤西北）人，南唐时任北苑副使，世称董北苑。他的传世作品有《夏山图》、《潇湘图》、《夏景山门待渡图》、《礛岸图》、《寒村重汀图》、《龙袖骄民图》，代表了董源江南山水的风貌。

在《夏山图》中董源一变钩斫之法，使画境达到平淡天真，不装巧趣。这图应属水墨画，但个别地方曾用轻微色彩加染。画的是一片冈峦重叠，烟

董源《夏山图》（部分）

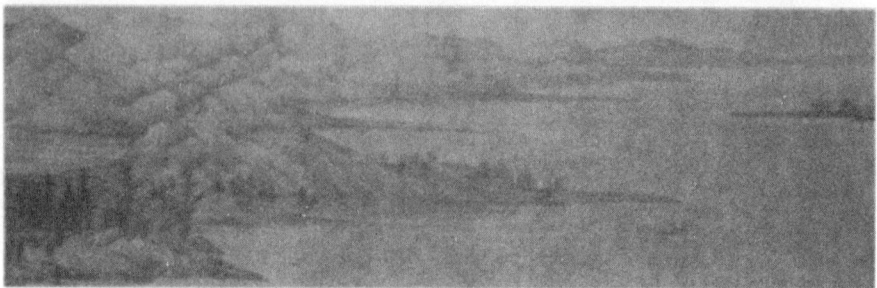

董源《夏景山口待渡图》（部分）

树沙碛的景致，其间点缀一二人物，一眼看去画面给人开阔辽远的感觉，难得的是这幅图画结构又十分严密紧凑，画幅下部利用山坡丛树的起伏，顶部利用远山覆盖于冈峦之上的隐显，使章法本身组成既有规律又有变化的节奏，中部一带沙碛冈峦间的空间，在视觉上造成一种辽阔的气势。树木虽短小，但因沙碛的空间感而见其高大；冈峦虽重叠，却因远山的牵引而不感到阻隔。在艺术手法上值得注意的足以平直横垠的沙堤，来带起球面叠起的冈峦，画面布局极繁密又见单纯，似平淡而见变化。

　　《潇湘图》和《夏景山口待渡图》的皴染比《夏山图》显得工致，《潇湘图》水墨清润而气度深厚，《夏景山口待渡图》深茂而朴实，在对自然景象的写照上，精致真实高于《夏山图》，但艺术上的抽象简练、气势的雄伟苍郁，则当推《夏山图》为第一。

　　从《潇湘图》看，董源的创新发展是多方面的，山的表现除取江南幽润

董源《龙袖骄民图》

清深的峰峦树石外，还采用了独特的皴法。山势从卷首而起，花青运墨勾皴，渐至层峦叠嶂，愈深愈远。为了表现透视深度，山峦上的小土丘自近至远由大渐小，由疏渐密，墨点也有疏密渐淡的变化，斑斑驳驳，显出密密杂杂的远树势态，在用墨彩渲染时又在山凹得当处留出了云霭雾气，造成迷蒙淡远之感。

在《龙袖骄民图》中，董源所绘山石，是用长披麻皴，以中锋笔从上而下左右拨拂，线条的方向大致相同，而时常交叠起来，样似披梳苎麻成绺，矾头则通过空心点皴，表现得草木蒙茸，披麻皴和矾头画法都是从董源开始才大量使用的。董源在王维"清润"之境的基础上，吸取李思训设色之巧于用墨，深得妙处。

董源对后世影响显著的，是水墨矾头披麻皴这种风格的源头。他的作品深深影响了南唐山水画家巨然。他的画风迥异于北方画派，以无数点线来表现山的轮廓，并以水墨烘晕来突出它，精工生动，开启了江南山水画派。

顾闳中作《韩熙载夜宴图》

五代南唐画家顾闳中所作《韩熙载夜宴图》，代表了五代时期人物画创作所达到的成就，是稀有珍品。

顾闳中，江南人，五代南唐画家，南唐后主时期（943年—975年）在南唐画院任侍诏，擅长人物画。《韩熙载夜宴图》是他受南唐后主李煜之命创作的。相传李后主想了解大臣韩熙载家宴的情形，命顾闳中夜至其私宅，暗中观察。顾闳中目识心记，以默画为基础创作了这幅纪实的人物画作品。画中主要人物韩熙载出身北方豪族，朱温（907年—912年）在位时以进士登弟，南唐时官至中书侍郎，有志不得伸，抑郁苦闷；晚年放浪不羁，纵情声色。这幅画以连环画形式表现了5个互相联系又相对独立的情节，展示了夜宴活动的内容，即听乐、观舞、休息、清吹、送别。

画中有十余个主要人物，在5个情景中又反复出现，多为见于记载的真实历史人物。整幅画虽然大量描绘歌舞场面，但却笼罩着沉郁的气氛。全卷5情节中，韩熙载均出现。画家从不同角度，从外貌到性格，深刻刻画出韩熙载内心深处的隐衷。其余人物在5个情节中互相呼应、联系，动作表情均表达了其精神状态，与环境气氛相统一，这在起首的"听乐"和第四段自己"清吹"中表现得最好。画卷用笔与设色十分精致。画家以劲健优美、柔中有刚的线条勾勒人物，服饰细入毫发，衣纹简练洒脱。色彩有通体的单纯，又有层出不穷的绮丽，艳而不俗。色与线有机结合，使画面显出明暗变化。画家凭着杰出的智慧，深入人物内心，将那种含而不露的感情独白，融化于优雅的夜宴气氛中。

《韩熙载夜宴图》在内容与形式上都达到相当高的水平，也为研究中国古代音乐史、舞蹈史、服装史、工艺史、风俗史提供了重要的形象资料。

顾闳中《韩熙载夜宴图》（部分）

黄筌、徐熙画花鸟

　　黄筌、徐熙的花鸟画不仅展现了优美的境界，而且使五代的花鸟画提高了水平并影响了后世。黄筌、徐熙有各自的生活道路和艺术追求，形成了不同的艺术风格和流派。

　　黄筌，字叔要，成都人，从少年到晚年身居前蜀、后蜀宫苑，饱览禁中名花奇卉、珍禽异兽，他的画迎合了宫廷贵族的爱好。他吸收诸家之长，形成自己的"翎毛骨气尚丰满"的工丽一体。宋《宣和画谱》著录黄筌作品多达349件，但流传至今的只有《写生珍禽》图卷这一课徒稿本和《芳淑春禽》册页。《芳淑春禽》册页尽管具有相当局促的画面空间，但由于构思巧妙，故能游刃有余，在丰满典丽的同时，空间开阔，疏密适当，富于动态美。首先，作者以两柳摇曳，俯视溪流为中心架构，春风轻拂柳枝，吹皱春水，点出早春的环境特征。其次，在这个环境里，分别将黄鹂、水鸭排位，再缀以桃花、野卉、小草。再次，发挥了细部的对比、呼应、衬托的作用，飞鸟与双鸭动静高下相应，两株柳树一直一斜，对比柳叶桃花红绿衬托，增强图画的多层性和丰富性，在表现技法上，只用淡墨轻轻

徐熙（传）《玉堂富贵图》

五代《丹枫呦鹿图》

勾勒轮廓，主要侧重于依照对象本身分别设色，颜色既对比鲜明，又和谐统一，组成了华丽绚烂的色彩，衬托出春意盎然的意趣，达到高度的艺术真实。另外，黄筌工笔画十分工细，先作淡墨而后作色彩渲染，并分许多层次，基本上盖住墨迹。图中间使用"没骨法"来画黄鹂、桃花，又略用皴法画古根坡脚。《宣和画谱》评他的画："如世称杜子美诗、韩退之文，无一字无来处。"把他的画与杜甫的诗、韩愈的散文齐名对待。

五代《秋林群鹿图》

黄筌作为晚唐五代杰出的宫廷画师，以其独创的艺术技法将中国花鸟画创作推向了成熟期，他的画成为宋代院体画的仪范，《宣和画谱》说其画法是宋太祖、太宗时国画院的标准，具有很高的权威性，足以想见其对后世绘画艺术的巨大影响。

"黄家富贵，徐熙野逸"，在黄筌富丽风格之外，南唐还有一派以徐熙为代表的体现文人意趣的画风。徐熙，江宁人（一作钟陵人），出身江南名族，放达不羁，志节高迈，画中多为寒芦、野鸭、龟蟹、草虫、园蔬、药苗、四时折枝，多是江南所常见之物。他"落墨"以取骨格，先用墨定枝叶蕊萼，然后再用色彩涂傅，"故气格前就"、"气骨能全"（刘道醇评徐熙语）。他只是略施丹粉而已，但"神气迥出，别有生动之意"（《梦溪笔淡》）。徐熙花鸟画风格，从取材到用笔，乃至总体风貌，与黄筌工丽一体区别较明显。

五代花鸟画家开创了线条所表现的笔力和墨染所产生的色感，并以二者结合为花鸟画艺术造型的最高格调。徐黄二体在技法和审美意趣上代表了五代花鸟画风格，奠定了两宋以后的写意与工笔花鸟的基调。

宋初三大家奠基宋山水画

　　山水景物先是在人物画中用作配景的，大约在唐代逐渐形成独立的画种，《历代名画记》说："吴道子写蜀道山水，始创山水之体自为一家。"到了北宋，可谓名家辈出，风格多样，在题材、风格、技法上均有重大发展，形成了宋初三大家。元代汤垕认为"宋画山水超过唐世者，李成、董源、范宽三人而已"，谓此"三家照耀今古，为百代师法"。

　　李成被北宋人公认为宋朝最重要的山水画家。李成擅长画平远寒林，能够真实生动地表现开旷和深远，有很高的写实技巧。他善于发挥笔墨的表现性能，以爽利的笔法和微妙的墨色表现烟霭雾气中山川大地的灵秀和风雨阴

《茂林远岫图》，李成画。画法苍劲，笔墨厚重，属北宋力作。

晦的变化。他用墨淡而有层次，被誉为"惜墨如金"。

李成的绘画风格影响很大，形成了李成画派，北宋前期这个画派的主要画家有许道宁、李宗成、翟院浑等，北宋中后期的郭熙、王诜等也是这个画派的成员。

董源擅长画山水，尤其是江南风光。他用干湿不同的墨线皴出峰峦坡岸，又以聚散变幻的墨点画草木杂树，这种"披麻皴""点子皴"交互使用、皴染结合的表现方法，成功地描绘出江南山川的神气。董源有《潇湘图》《夏山

《读碑窠石图》，李成画。置境幽凄，气象萧瑟，描绘了荒芜日久的名胜。

图》《夏景山口待渡图》《笼袖骄民图轴》等画传世。

董源画派影响不是很大，除了他的学生僧巨然外，基本上没出现过什么名画家。

范宽画的山水特点是着重表现山的雄健坚实的实体感，视之如近在目前，伸手可扪。他善于用质朴有力的笔墨和浓重的墨彩真实地画出山雄峻硬棱的

结构，对景造意，不取繁饰，写山真骨，自成一家，有极强的感染力，因此被誉为"与山传神"。范宽的画今天存有《雪景寒林图轴》、《雪山萧寺图轴》等，其中《溪山行旅图》是他的传世名作。

史载范宽的弟子和后学有黄怀玉、纪真、商训、宁涛、刘翼等人，但作品较少。

北宋初期的三大家开创了山水画的不同风格，代表了当时山水画的最高水平，他们和他们的弟子及后学们的创作，差不多构成了宋代山水画的全部风貌。

李成山水画独成一派

　　李成（919年—967年），字咸熙，原籍长安（今陕西省西安市），为唐朝宗室之后，祖父李鼎曾任唐朝国子祭酒、苏州刺史。由于出身于上层家族，他从小就胸怀大志，博览群书，期望在政治上有所作为。

　　李成文艺修养较高，琴棋诗画，无一不工，尤其擅长山水画。他的山水画学习荆浩、关同，继承了荆浩、关同的北方山水画派的特点，并发展成新的风格。他喜好游历名山大川，受这一影响，所作的画"山林薮，平远险易，萦带曲折，断桥绝涧水石，风雨晦明烟云雪雾状，一皆吐胸中而写之笔下"。他充分运用绘画中笔墨的表现力，笔致爽利洒脱，墨色变化微妙，充分表现了烟霭霏雾中山川大地的灵秀。他善于用淡墨画寒林平野，层次分明，使观者有山水秀色可掬之感，墨法精微，被后世称为"惜墨如金"。

　　李成的画作真品，传世不多，只有《读碑窠石图》《寒林平野图》《晴峦萧寺图》《茂林远岫图》等，其中《读碑窠石图》画的是荒野寒林之中，古树下有一古碑，有一骑骡老者正仰观碑文，旁有童仆相随。又有一种说法是说曹操和杨修在读碑。画中古木盘环曲折，树枝形似蟹爪，背景寒寂空旷，容易使观者联想起历史的兴衰变迁，连起历史沧桑之感。画中蟹爪状的树枝、卷云状的石头、萧瑟的气象及平远的背景，无不体现了李成画作的特点。碑侧有小楷题字"王晓人物、李成树石"，可知画中人物乃王晓所画。

　　李成的画在北宋影响极大，在很大程度上左右了北宋后期山水画的发展，主要继承人有许道宁、李宗成、翟院深、郭熙、王诜等等。

范宽画山水

范宽，一名中正，字中立，陕西华原（今耀县）人。生于五代末年，宋仁宗天圣（1023年—1031年）年间尚在。据说他性情宽厚，嗜酒，不拘世故，常往来于京师与洛阳之间。他的山水画，初学荆浩、李成，后来有所领悟，叹道："前人之法，未尝不近取诸物，吾与其师于人者，未若师诸物也；吾与其师诸物者，未若师诸心。"这是他的心得体会，也是中国山水创作的重要论点。于是他深入到终南山、太华山一

《雪景寒林图》，范宽画。

带的深山里去，坐卧其间，对自然山水进行细心观察体会，终于发展了荆浩的北方山水画派，并能独辟蹊径，形成浑厚壮观的山水画家。

范宽的作品，今存台北故宫博物院的《溪山行旅图》，是比较可靠的真迹。迎面矗立的雄壮浑厚的大山头，表现出大自然雄伟气势。山间飞瀑如练，

《雪山萧寺图》，范宽画。范宽画派的重要作品。

《溪山行旅图》，范宽画。

直落千仞。山下空蒙一片，衬托出怪石箕踞的岗丘，丘上杂树丛生，树巅露出楼阁，山脚流水潺潺。山路上有一队驮马经过。整幅山水表现了对祖国河山壮丽的赞美。范宽喜作雪景寒林，在宣和御府所藏其 58 件作品中，有 1/3 的作品是雪景寒林的。雪山形象，是他的创造。画山石，用雨点皴。山顶好作密林，水际作突兀大石，到晚年趋于枯老劲硬，画山多呈正面，折落有势，晚年用墨太多，土石不分。这些均是其山水画的艺术特点。

《雪山萧寺图》与《雪景寒林图》，亦传为范宽作品。前者山势雄厚，山头丛树雄劲如扫帚，倍见雪山深莽气象。后者布景更为致密，用笔雄强老硬，墨韵深厚，山石更具质感，亦显现了北方山川雪景的壮丽浩莽。

范宽的山水与李成相对，后者烟林清旷，气象萧疏，"近视如千里之远"；而范宽之笔雄健老硬，颇具质感，"远望不离坐外"，因而为"天下所重"。

范宽山水对后世影响很大，黄怀玉、纪真、商训、宁涛等人均师法范宽，但未能青出于蓝而胜于蓝。

郭忠恕编《汗简》

977年，宋代文字学家、画家郭忠恕（？—977年）逝世。

郭忠恕，字恕先，河南洛阳人。小时候聪明伶俐，7岁应童子科及第。后周时被召为宗正丞兼国子书学博士。960年，他因酒后在朝廷上与监察御史符昭文争论，御史弹劾，他竟叱责御史，撕碎奏文，被贬为乾州司户参军。作参军时，又因酒后伤人，擅离贬所，被发配灵武。他后来往返于陕西、河南之间，以画艺游食于公卿富贵家。宋太宗即位后，也召他去做官，后终因贪杯自误而丧命。郭忠恕善画山水，尤工界画，他的界画以准确、精细著称。传世作品为《雪霁江行图》。郭忠恕多才多艺，擅长篆、隶书，精通文字学。

郭忠恕对中国文字学的最大贡献，就是编成其专著《汗简》。北宋初年，

《雪霁江行图》，郭忠恕画。

郭忠恕着重于"六国文字"的搜集和整理，著成了第一部整理"六国文字"的专著——《汗简》。"六国文字"实际是战国时代秦以外东方各国使用的书写文字，这种文字主要书写于经传古籍的抄本。《汗简》此书名取典于古人所谓"杀青"，即用火烤竹，把水分蒸发掉，便于书写和保存，表明作者搜集的文字主要来源于古代简册。

《汗简》所搜集的古文来源于《古文尚书》《古周易》等71种古籍

和石刻材料，所取字数不等，有的近五百，有的只一个。该书体例完全遵照《说文》，按540部排列文字，正文为摹写的古文形体，各种异体尽量列出，释文用楷写今体，不作隶古定，每个字都注明出处，详尽有致，便于查寻。

该书在当时受到极大重视，夏竦（985年—1051年）曾以它为基础，撰《古文四声韵》五卷，并在书中收录若干青铜器铭文，开宋代搜集研究金石文字的先河。但宋以后，许多学者就因所收字形无从核实，所收字体又较怪异，既与出土的青铜铭文不合，又有大批不能从《说文》中找到根据，以及不少改变《说文》所从部首，而另从郭氏自定部首等对《汗简》提出了怀疑、非议。《汗简》因此不被文字学界看重。

随着大量战国文字材料的出土面世，该书的价值日渐揭晓。现已成为识读战国文字的重要参考材料。

黄居寀画花鸟

　　黄居寀（933年—？），字伯鸾，黄筌的第三子，他是五代西蜀和宋初画院的山水、花鸟画家，孟蜀时曾供职画院，授翰林待诏，宋初进入汴京，宋太宗授其为光禄丞，备受青睐，在画院中地位甚高。他曾奉命收集，鉴定名画并负责审查画家的入院作品。黄居寀继承家学，画风、题材皆追随其父黄筌。黄家父子工整精丽的画风主导了北宋前期100多年的画院花鸟画坛。

　　黄居寀画花鸟，妙得生动自然之态，他还擅长于画怪山石景，在蜀官时曾"图画墙壁屏幢不可胜记"，他曾与其父合作《四时花雀图》《青城山图》《峨嵋山图》《春山图》《秋山图》等，并作为国家礼物赠给南唐。在北宋末年，宫廷内府还保存他的作品三百十二轴，绝大部分是以名花珍禽（如牡丹、海棠、桃花、芙蓉及锦鸡、山鹧、鹦鹉、鸳鸯等）为内容。但是，黄居寀的可靠传世之作，现在仅存有一幅，即《山鹧棘雀图轴》（绢本设色，纵90厘米，横55.6厘米，台北故宫博物院藏）。这幅画描绘水边石上立着一只山鹧，山鹧神态安祥自在，背景有山石及灌木，全图禽鸟用细笔勾勒填色，以朱砂画山鹧的喙和爪，羽毛则用石青画出，形象富丽醒目，生动自然。石头的皴斫则显示出作者山水画的功力。在图的上方有宋徽宗赵佶写的"黄居寀山鹧棘雀图"八个字，还保存着宋朝宣和内府的装裱式样。

《山鹧棘雀图轴》，黄居寀画。

徐崇嗣创"没骨法"

　　徐崇嗣是著名画家徐熙的孙子，代表着徐派的绘画风格。沈括在《梦溪笔谈》中比较徐、黄绘画风格的差异时说：诸黄（黄筌及其子居宝、居寀）画花，妙在赋色，用笔极新细，几乎看不见墨迹，只以轻色染成。徐熙以墨画之，殊草草，略施丹粉，神气迥出。黄家父子是宫廷画家，多写禁御所有珍禽瑞鸟、奇花怪石，而徐熙为江南处士，放达不羁，多状江湖所有汀花野竹，水鸟渊鱼。黄家富贵，徐熙野逸，徐、黄代表宋代花鸟画的两种不同画风。

　　徐崇嗣的生卒年无从考，据说北宋灭南唐之后，徐崇嗣即携画入北宋画院，他的野逸的画风不适合宫廷的需要，受到以黄居寀为代表的富贵画派的排斥，不得不改学黄筌画法，以迎合宫廷趣味。他又自创"没骨法"，施色柔

《湖庄清夏图》，赵令穰画。

美精丽，与黄家父子不相上下。他不用笔墨勾勒，只以丹粉点染而成，被誉为"古今之绝笔"。但是沈括却认为"其气韵不及熙甚"。由于徐崇嗣至今无真迹传世，所以无从知其详细。不过他的"没骨法"在宋代花鸟画坛还有一定影响。据说，北宋著名的工笔花鸟画家赵昌设色法学的就是徐崇嗣的"没骨法"。

苏轼书画独辟蹊径

北宋苏轼的书画在学习继承前人的基础上，努力追求创新，在文学、书法、绘画及理论几个领域内，都达到了极高的境界。

苏轼（1036年—1101年），字子瞻，号东坡居士，眉山（今属四川）人。他是诗人、词人、散文家、书画家。嘉祐二年（1057年）中进士后入仕，宋神宗时曾任祠部员外郎，知密州、湖州、徐州。因反对王安石新法，贬谪黄州。宋哲宗时任翰林学士、礼部尚书，知杭州，又贬谪惠州、儋州、谥文忠。

苏轼是继欧阳修后北宋文坛的杰出领导者，在书画上也有独到贡献。在绘画理论上，他有许多创见，如提出"士人画"与"画工画"的区别，推崇王维的画"得之于象外"，因而主张绘画摹写人物与诗人大致相同，指斥单纯追求形象逼真。在这种思想指导下，他的绘画创作也不同于一般。他喜好画枯木、怪石、墨竹等，时出新意，形神俱妙。他的《枯木竹石图》一卷，画蟠曲枯树一株，顽石一块，石后露出二、三小竹和细草，深具意趣，

苏轼《枯木怪石图》

可谓"诗中有画、画中有诗"。他画竹，常常一杆从地直至顶。图中枯木虬屈无端倪，怪石皴硬，自谓"枯肠得酒盘角出，肝肺槎枒生竹石"。枯木题材绘画也正是他心灵的写照。该图运思青拔、风格卓绝，是画中珍品。

在书法上，他少时学王羲之兰亭笔法，后又学柳公权，笔意工拙，字特瘦劲；中年始学颜真卿、杨凝式，笔圆而韵胜；晚岁作书挟大海风涛之气，如古槎怪石，如怒龙喷浪，奇鬼博人。他学书达到物我两忘、得心应手的境地，形成独特的风格，尤以行书和楷书名著于世。他所遗留下来的墨迹有《治平帖》、《黄州寒食诗》、《赤壁赋》、《祭黄几道文》、《新岁展庆帖》、《洞庭春色赋》等。

《治平帖》成书于早年，行书，字体端庄，富有姿媚，可见其少年时学王羲之的痕迹，但用笔肥壮，绵中裹铁，其酣放已具后来风貌。

贬谪黄州已值苏轼壮年，思如泉涌，诗文书法创作极富，最著名的墨迹代表是《黄州寒食诗》，为行书诗稿。诗的内容，充满着消沉、悲苦、凄凉、绝望的情绪。其书随意命笔，随着诗情的起伏而变化，参差错落，时大时小，忽长忽短，感情随着笔尖自然流出，达到了艺术形式和内容的完美统一，令人感叹不已。该帖笔墨丰肥圆润，浑厚爽朗、跌宕多变，代表了其行书的最高成就。

楷书《赤壁赋》笔致圆润丰腴，朴拙厚实，钝滞之处，有人疑为钩摹。《祭黄几道文》意味温厚，肥瘦变化较之《赤壁赋》于严谨中更富有活力。晚年《新岁展庆帖》等笔墨老辣，不拘形迹，姿态横生，达到了平淡中见天真的更高境地；行书《洞庭春色赋》等不惟古雅，且姿态百出，结构紧密，无一败笔，人誉之为"眉山最上乘"之作。

苏轼居北宋四大家之首，其书格调逸俊，以气韵见胜，黄庭坚誉其为"本朝第一"，对后世书画发展有极大影响。

苏轼《黄州寒食诗》书法

苏轼反对变法

熙宁二年（1069年），王安石的改革遭到保守派的反对，连当时以稳健为主导思想的苏轼也加入反对派行列。

王安石变法主张加大法制建设，向全国推行新法，而苏轼却认为应择吏任人，反对"立法更制为事"。王安石认为解决国家财政亏空的办法是多方筹集资金，"广求利之门"，而苏轼则强调节约开支，减少浪费，"节用以廉取"。他一直强调稳重改革，反对王安石的过于急进，认为"欲速则不达"，"轻发则多败"。因此，他连续上书朝廷，反对变法。朝廷拒绝了他的建议，于是他请求外调，被陆续调往杭州、密州、湖州出任地方官。

神宗驾崩后，哲宗继位，由于年幼，高太后主掌朝政，任用司马光改革，由于司马光废除免役法，改用差役法，又引起苏轼不满，使旧党对他感到怀疑，再次将他排挤出京。

绍圣元年，哲宗亲政，再次启用新党，苏轼遂又成为新党打击的对象，政治上还是不得势，被朝廷流放岭南之地，先是英州（今广东英德），后是惠州，最后到了儋州（今海南儋县）。直到宋徽宗即位（1101年），才被赦免北上，可惜年事已高，未及京城，就半途殁于常州。

苏轼的一生，虽然在文学创作上得到了颇大的声誉，但在政治抱负上却屡不得志，既与激进的改革发生分歧，又与保守的旧党互为抵触，虽然在任地方官时有所政绩，但范围太窄，未能有机会在全国范围内加以推广，引为至憾。

文同画竹

北宋文人画家文同爱竹知竹画竹，所绘墨竹，冠绝于世。

文同（1018年—1079年），梓州永泰（今四川盐宁）人。号锦江道人、笑笑先生，世称石室先生。家世业儒，因神宗元丰初年曾出任湖州太守，故后人又称其为"文湖州"。

文同出身于书香门第，精通音乐，善长诗、书、画及楚辞，人称"四绝"。他和苏轼是表兄弟，但他处世谨言慎行，与苏轼的豪放恣纵不同。

文同能画竹石枯木及山水，长于墨竹，他爱竹又画竹，还常常栽竹、赏竹以自娱。人说他是：朝与竹乎为游，暮与竹乎为朋，饮食乎竹间，偃息乎竹阴（苏辙《墨竹赋》）。对竹的形态规律有深刻的体会，他熟悉竹的习性，以画竹自勉高洁之志。

文同强调画竹必先成竹在胸，执笔熟视，乃见其所欲画者，急起从之，振笔直遂，以追其所见。他在画中巧用浓淡，"画叶以深墨为面，淡墨为背"，他的竹子造型十分注重结构与疏密，常取大形于曲折中，生机勃发。

文同因对竹有深入的观察与体会，画竹常能妙得其理。所画纤竹、偃竹、折枝竹、丛竹等都是他对墨竹形象的创新。可惜其墨竹真迹传世不多，仅《墨竹图》一件。

《墨竹图》为纸本水墨画，竹杆似屈而不屈，竹叶针刺凌飞，浓淡交替而又层次清晰，竹品人情尽在其中。

文同是对墨竹作出巨大贡献并对后世有着巨大影响的画家。米芾在《画史》中称："以墨深为面，淡为背，始于与可。"他的画风后人称为"湖州派"。

《墨竹图》，文同画。

李公麟白描

　　李公麟作画大胆地摒弃色彩，专用白描，形成独立的、具有高度概括性和表现力的艺术形式，创造出崭新的白描手法。

　　李公麟（1049年—1106年），字伯时，舒城（今属安徽）人。宋熙宁三年（1070年）进士及第，一生官运不甚得意，然而在绘画艺术上成就甚高，与王安石、苏轼等人均有书画之交。他襟怀超脱，文章不失建安风格，书法不乏晋人韵味，能诗善画，尤善于鉴辨故器物，是一位修养高深而又多才多艺的艺术家。

《五马图》之一，李公麟画。

《莲社图》，李公麟画。

李公麟绘画，与其他文人画家仅能画山水、花卉有所不同，道释、人物、鞍马、宫室、山水、花鸟等无所不能，绘画题材颇为广阔。他初学顾恺之、吴道子；进而又师法晋隋唐宋诸家，博采众长而不蹈袭前人，逐渐形成自己的风格。李公麟创作一般用水墨画在纸上，闲雅文秀，白描上极具功力，常以单纯洗练、朴素自然的线条来表现物象的形貌神态。传世真迹有两件，即《临韦偃牧放图》和《五马图》。

《临韦偃牧放图》是李公麟根据唐代韦偃的《牧放图》临摹的，但仅仿佛其意而已，整幅画的技巧娴熟，线条流畅而无滞碍，如一气呵成，作品中倾注着他的再创造。该图描写的是皇家御马苑中所养的骏马，一望无际的荒漠原野，随着山川地势的变化，骏马或聚或散，或密或疏，或远或近，安排得严谨而自然。现存卷中总计有马 1286 匹，牧人 134 名，场面浩大，气势雄伟。

《五马图》是纸本水墨画，用线描表现宋哲宗时天驷监中的五匹名马，依次是凤头骢、锦膊骢、好头赤、照夜白、满川花，各有牵马的马官。五匹马或立或行，腹、背、臀、胸都用单线白描，仅口鼻、目、蹄略用墨染。其中前四马自鬃后至足肘都是一笔书成，行笔劲细而略有轻重变化。马尾用淡墨虬曲的细线，<u>丝丝</u>不乱。中国古画中不乏画马名作，若就用笔简洁文秀而不失骏马神韵而言，当以《五马图》为最。

李公麟的白描手法，成为可与重彩和水墨淋漓的画法相抗衡的传统绘画样式之一，为丰富中国画的表现技法作出了重大贡献。南宋贾师古、元代赵孟頫、明代丁云鹏等名家画人画马，无不祖述李公麟。

米芾画烟雨

米芾善画梅、松、兰、菊，立意新颖，形成独具特色的江南"烟雨画"。

米芾（1051年—1107年），字元章，祖籍太原，后迁至襄阳，曾长期居于润州（今江苏镇江），因自号襄阳漫士，海岳外史。徽宗时，官至书画学博士、礼部员外郎，人称"米南宫"。他的儿子米友仁也善于书。

米芾性情旷达、耿介不阿，有洁癖，酷爱怪石，才高艺广，能诗善书。他特别喜爱画水，史载他"画山水人物，自名一家，尤工临移，至乱真不可辨"（《宋史》卷444米芾传）。他又富收藏，精于赏鉴，艺术上颇有造诣，传说他"多游江湖间，每卜居每择山明水秀处，其初本不能作画，后以日所见日以模仿之，遂得天趣"（赵希鹄《洞天清禄集》）。

米芾特别推崇五代董源的画风，主张"平淡天真"，反对"俗艳"。晚年居江南，有感于长江两岸"云气涨漫，岗岭出没，林树隐现"的烟雨之景，创造出泼墨点染的山水烟雨画。他的画取材于枯木竹石花卉，时出新意。画山水，信笔为之，多是烟云掩映的水墨云山。他将书法中的点画用笔融于绘画，并以大笔触的水墨表现自然山川的烟云风雨变化，后人称之为"米点山水"。

米芾还是北宋著名的书画鉴定家和理论家。所著《画史》一书是中国早期的绘画鉴评著作之一。书举其生平所见的名画，评论优劣，鉴别真伪，考订谬误，标出特点，载记装裱、收藏及有关逸事等。

米芾的绘画真迹均已失传。但他用水墨描绘烟云掩映山水的画法却是后代文人画中很常见的一体。画梅、兰、松、菊和画墨竹一样，也成为以后文人画的重要题材。

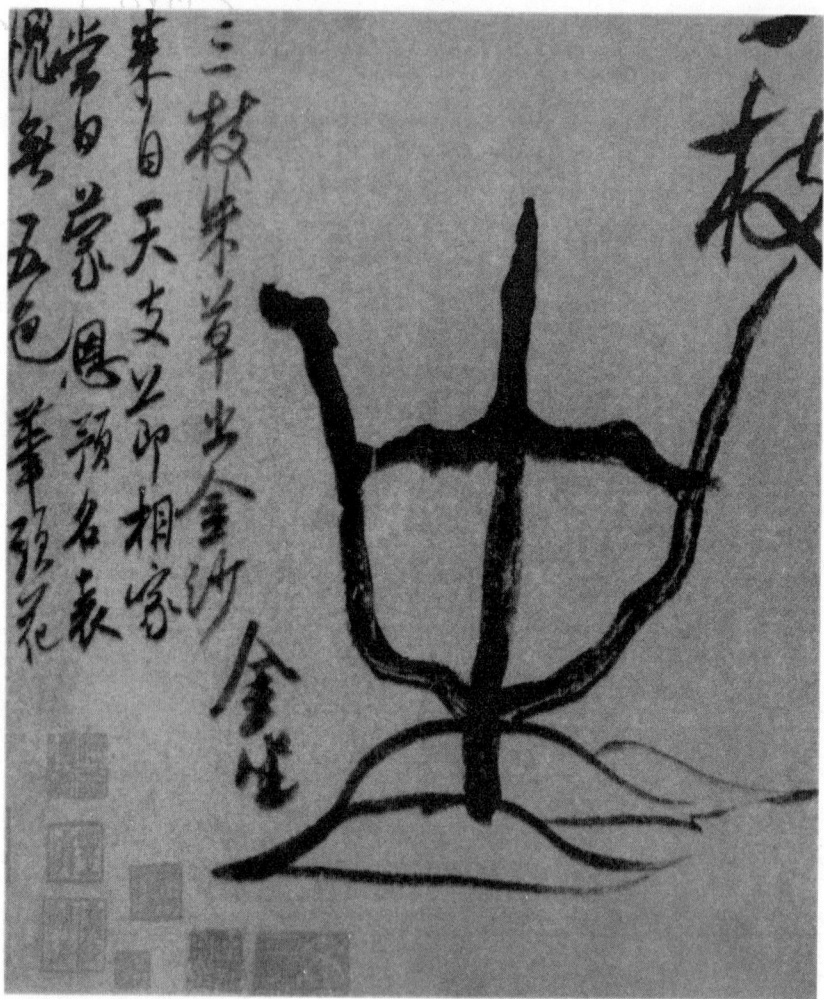

《珊瑚笔架图》，米芾画。

王诜学李成而自成一派

　　王诜（1048年—1104年以后），字晋卿，祖籍太原，后迁居开封。他是宋神宗赵顼的驸马都尉，官至定州观察使。王诜出身贵族家庭，他爱好诗文书画，喜欢结交诗人画家。他家里有个西园，苏轼、黄庭坚、米芾、秦观、李公麟等名家常在此吟诗作画，谈禅论道。他还富于收藏，精于鉴赏，常以古人所画山水置几案间，具有浓厚的艺术修养。

　　王诜擅长山水画，青绿着色师承李思训，笔墨技法主要学习李成，他还学过文同的墨竹。他善于溶水墨与青绿为一体，以重笔勾染，意境幽静深秀，画风秀润清丽，自成一派。据说他善画烟江远壑，柳溪渔浦，晴岚绝涧，寒林幽谷，桃溪苇村等词人墨卿难状之景，显示出独特的艺术品味。

　　王诜的传世名作有二，一是《渔村小雪图卷》（绢本水墨设色，纵44.4厘米、横219.7厘米，故宫博物院藏）。这幅画富有情致地画出了水滨雪后初晴的风光，展卷处山势巉绝，覆盖着薄雪，渔夫在冒寒张网捕鱼，而文人雅士则兴致勃勃地观赏雪景，岩石间生长着寒林老树，画卷后段则画出辽阔平远的江水，与前段山峦高远幽深形成强烈的对比。这幅画皴山画树的手法，还是来自李成，运用微妙的水墨皴染，又间以涂施白粉，成功地表现出雪后郊野渔村浑茫的气象。山林间勾以泥金，加强了阳光浮动的刻划，手法颇为别致。另一传世名作《烟江叠嶂图卷》（上海博物馆藏）以青绿设色，间以水墨渍染，米芾所记的"王诜学李成皴法、以金绿为之"（《画史》）就是指这种体貌。

《烟江叠嶂图卷》，王诜画。

《渔村小雪图卷》，王诜画。

苏轼去世

宋建中靖国元年（1101年）七月，一代文学大师苏轼在常州去世。

苏轼（1037年—1101年），宋代文学家、书画家。字子瞻，号东坡居士，眉州眉山（今属四川）人，与其父苏洵、弟苏辙合称"三苏"，均在"唐宋八大家"之列。宋嘉祐元年，苏轼赴京应试，中进士，因母丧，返蜀，嘉祐六年再次赴京，中制举科，随后开始为官。

苏轼的官场生涯颇为坎坷，神宗时，王安石变法，苏轼认为王的改革措施过于激进，由此被朝廷派到京外任地方官。王安石罢相后，旧党执政，他又不同意司马光废新法，引起旧党不满，再次受排挤。哲宗亲政后，新党又得势，苏轼再次成为新党的打击对象，被一贬再贬，由英州、惠州到儋州（今海南儋县）。元符三年（1100年），宋徽宗即位，召苏轼北上，北上途中，苏轼染病身亡。

作为一代文学大师，苏轼很重视文学的生活来源和社会功能，认为文学创作要深深扎根于现实生活之中，还要重视文艺创作的技巧。他的文学成就是多方面的。主要表现在诗、词和散文方面，苏轼的诗作数量甚多，主要是抒发人生感慨和歌咏自然景物的诗篇。苏轼一生游历甚广，无一不在诗作中表现出来，不但有江南风景，如《望海楼晚景》等，还有江北风光，如《登州海市》等。晚年流放岭南后，在诗篇中留下了浓郁的岭南风情。苏轼擅长在诗作中借景抒情，或者揭露封建统治阶级的弊病，或者反映自己的怀才不遇之感。苏轼的词在北宋词坛上占有重要地位，他突破了晚唐词的软玉温香的樊篱，自成一派，开拓了新的词作道路。首先，他开拓了词的取材领域，"无意不可入，无意不可言"。其次，他将写诗的笔力引入词的创作中，并开

《东坡笠屐图》，描绘苏轼在海南岛头戴斗笠、脚踏木屐的生活。

始在词作中引入序言，开创了新的风格——"豪放派"。他的词除壮丽词外，也有一些反映男女情爱的风格婉约的佳作。

苏轼的文学创作在北宋文学史上占有重要地位。在他的影响下，黄庭坚、晁补之、秦观、张耒脱颖而出，成绩斐然，号称"苏门四学士"。

张择端作《清明上河图》

北宋末年，画院待诏张择端作《清明上河图》，再现了 12 世纪中国城市生活的方方面面，反映了当时社会生活和物质文明的广阔性与多样性。

张择端，字正道，东武（今山东诸城）人。年少时，读书。后游学京城汴梁（今河南开封），开始学习绘画。他工于界画，特别擅长舟车、市桥、郭径，自成一家。有《清明上河图》《西湖争标图》等作品名于世。

《清明上河图》是著名风俗画作品，绢本，长卷，淡设色，卷宽 24.8 厘米，长达 528.7 厘米。"清明"指农历清明节前后，一般认为该图是描写北宋京城汴梁及汴河两岸清明时节的风光。

全画结构共分 3 段：首段写市郊风景，寂静的原野，略显寒意，渐而有村落田畴，嫩柳初放，有上坟回城的轿、马和人群，点出了清明时节特定的时间和风俗。中段描写汴河，汴河是当时中国的南北交通干线孔道，同时也是北宋王朝的漕运枢纽，画面上巨大的漕船，或往来于河上，或停泊于码头。横跨汴河有一座规模宏敞的拱桥，其桥无柱，以巨木虚架而成，结构精巧，形制优美，宛如飞虹。桥的两端连着街市，人们往来熙熙攘攘，车水马龙，与桥下繁忙的水运相呼应，是全图的第一个热闹所在。后段描写市区街景，以高大的城楼为中心，街道纵横交错，各种店铺鳞次栉比，有茶坊、酒肆、脚店、寺观、公廨等。有沉檀楝香、罗锦匹帛、香火纸马，有医药门诊、大车修理、看相算命、修面整容，还有许多沿街叫卖的小商小贩。街上行人摩肩接踵，络绎不绝，男女老幼，士农工商，无所不备。

作品采用了传统的手卷形式，从鸟瞰的角度，以不断推移视点的办法来摄取景物，段落节奏分明，结构严密紧凑。全卷共有人物 500 余，牲畜 50

《清明上河图卷》，张择端画。

《清明上河图》中描绘的市景街道

《清明上河图》中描绘汴河两岸清明时节的市井风光

余，船只、车轿各 20 余，安排得有条不紊，繁而有秩。各种人物衣着不同，神态各异，劳逸苦乐，对比鲜明，按一定情节进行组合，富有一定的戏剧性矛盾冲突，使人读来饶有兴味。

至于笔墨技巧，无论人物、车船、树木、房屋，都线条遒劲老辣，兼工带写，设色清淡典雅，不同于一般的界画。《清明上河图》在艺术手法和处理上，具有高度的成就，在内容上，真实地反映了当时城市社会各生活面，具有重要的历史文献价值。

《清明上河图》以全景式的构图，严谨精细的笔法，展现了 12 世纪我国都市各阶层人物的生活状况和社会风貌，是一幅写实主义的伟大作品，把社会风俗画推进到更高的阶段。

宋徽宗崇道

政和三年（1113 年）九月，赵佶（徽宗）尊崇道教，本月赐方士王老志号洞微先生，王仔昔号通妙先生。

赵佶崇奉道教，已达到了十分狂热的程度。政和七年（1117 年）四月，他自称"朕乃上帝元子，为神霄帝君"，诏令道箓院册封他为"教主道君皇帝"。

他信用道士，给予优厚的待遇。四年（1114 年）正月，置道阶，赐号先生、处士等，秩比中大夫至将仕郎，共 26 级。六年（1116 年）正月，置方士林灵素号通真达灵先生。林灵素，温州（今浙江）人。少学佛，因不堪其师打骂，去而为道士。政和间，道士王老志死后，另一道士王仔昔又失去宋徽宗的宠信，经主管道教的大臣徐知常的推荐，徽宗召见了林灵素。林灵素一见徽宗，就大言不愧地宣称，天有九霄，而神霄最高，神霄玉清王是上帝的长子，主管南方，号称长生大帝君，这就是陛下。而林灵素自称是仙卿下降，蔡京是左元仙伯，王黼、童贯等也各有名号，都是上界下凡来辅佐徽宗治理天下的。当时刘贵妃深得徽宗宠爱，林灵素则说她是九华玉真安妃。徽宗听后大喜。政和六年（1116 年）正月，赐林灵素号通真达灵先生，赏赐其大量财物，并将林灵素家乡温州改为应道军。次年十二月，加灵素号通真达灵元妙先生，张虚白通元冲妙先生，相当于中大夫，出入诃引，以至于与诸王争道，京城人称为"道家两府"。其徒美衣玉食者约有 2 万人。重和元年（1118年）十月，又置道官 26 等，道职 8 等。道士皆有俸禄，每一道观给田不下数百千顷。凡设大斋，往往费钱数万贯。

宋徽宗还大肆宣扬道教，提高道教的地位。政和三年（1113 年）十二月，下诏求道教仙经于天下；四年（1114年）正月，下令置道阶二十六级、道官二十六等；六年（1116年），下令立道学、修《道史》；重和元年（1118年）八月，颁发《御注道德经》，九月，诏太学置道教各经博士等等。政和七年（1117年）四月，他还自称是神霄帝君下凡，讽谕道箓院册封他为"教主道君皇帝"，集天神、教主、人君三位于一体。从此，道教愈发兴盛起来道教的地位被抬到空前的高度。

赵佶发展宋画院

北宋末年，徽宗赵佶重视绘画艺术。在他统治期间，丰富皇室收藏，扩充翰林图画院，完善画院体制，提高画院地位，改善画家待遇，形成一时之盛，出现了两宋画院中最为繁荣昌盛的局面。

为了培养宫廷绘画人才，徽宗于崇宁三年（1104 年）设立画学，隶属国子监，成为国家培养画家的最高学府。画学共分 6 科，即佛道、人物、山水、鸟兽、花竹、屋木 6 个专业画科。

宋徽宗不但自己作画，还亲自指导画院的学生学习。他对于画院的花鸟画，特别强调描绘对象的真实性，比如他要求画月季花，要表现出四时朝暮花蕊枝叶的不同；画孔雀升墩，要看清楚

《鸲鹆图轴》，赵佶画。

先举左腿还是先举右腿。所以，宣和画院的花鸟画受到这一要求的影响，多崇尚细腻生动的画风。至于他自己的作品，则多为水墨花鸟画，描绘工细入

《柳鸦图》，赵佶画。

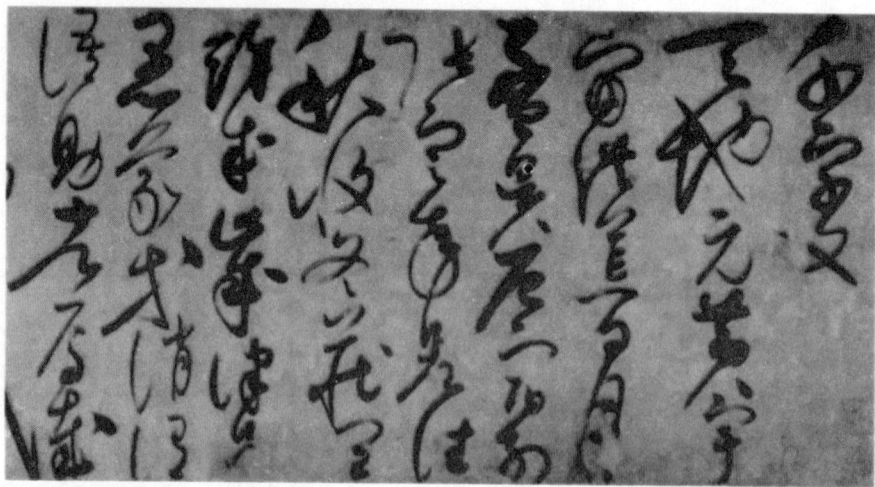

赵佶《千字文》书法作品

微，设色均净，富丽典型，笔墨精妙，神形逼真。赵佶的传世作品很多，如《瑞鹤图》《芙蓉锦鸡图》《柳鸦图》等，这些作品风格多样，艺术水准精湛绝妙。

在书画保护方面，赵佶对官内的旧藏进行重新装裱，并亲自为书画题写标鉴；同时，对一些古代绘画资料进行临摹复制，如摹制《虢国夫人游春图》等。在书画利用上，赵佶曾举行一次盛大的内府收藏书画展览大会，邀王公大臣集体观赏。他还用古书画进行教学，培养画家。他每隔10天，即将御府的图轴两匣，命太监押送到画院中，让画院中的学生观摩学习。

在整理著录上，赵佶令人将宫内收藏书画编摹成《宣和书谱》和《宣和画谱》两部书。《书谱》按帝王诸书和篆、隶、正、行、草5种书体，记录了197名书家小传及1240余件书法作品。《画谱》分道释、人物、宫室、龙鱼、山水、鸟兽、花木、墨竹、蔬果10门，记录了231名画家小传及6396幅作品。这是我国第一次较为完全系统地记载宫廷书画收藏的著录书，在中国书画史上占有重要地位。

宗徽宗注重画院，兴办画学，推动了中国美术事业的蓬勃发展。

宋徽宗主持作画谱

北宋宣和二年（1120年），在宋徽宗赵佶的授意和主持下，一批精于画史和鉴赏的儒生们集体编撰了一部反映宫廷所藏绘画作品的著录著作——《宣和画谱》。

《宣和画谱》20卷。共收录魏晋至北宋画家231人，作品6396幅。并按画科分为道释、人物、宫室、番族、龙鱼、山水、鸟兽、花木、墨竹、蔬果10门。每门画科前都有短小精悍的叙论，叙述该画科的渊流、发展及代表人物等，然后按时代先后顺序排列画家小传及其作品。

该书注重绘画的政治功用。书首有宋徽宗亲自撰写的《御制序》，强调"画之作也，善足以观时，恶足以戒其后"的社会教育作用。同时也强调绘画要有艺术感染力。

《宣和画谱》虽然是属于著录性质的画史专著，但从每个画科的叙述及画家传记评论来看，已远远超出了著录范围，更具有绘画史论的性质。因此，此书不但是宋代宫廷藏画的记录，而且还是一部传记体的绘画通史，对于研究北宋及其以前的绘画发展和作品流传，具有重要的史料价值。

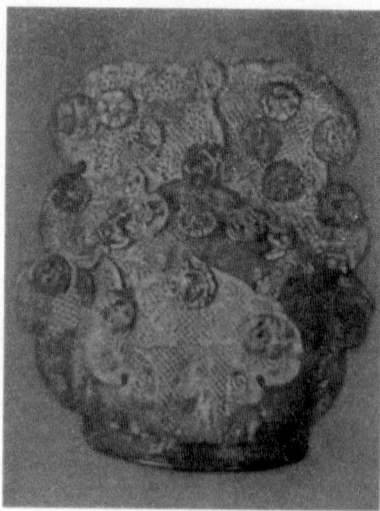

辽代的鎏金银冠

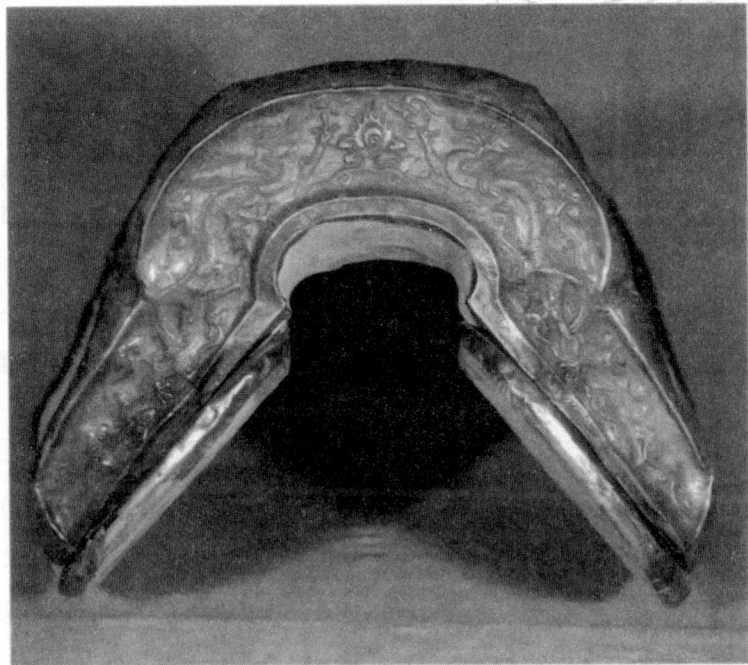

一组辽代的鎏金马具饰件

王希孟及二赵画青绿山水

　　北宋末徽宗时，画色艳丽的青绿山水重新出现，且在画院中占有一席地位。北宋末年的王希孟和南宋的赵伯驹、赵伯骕兄弟是最有成就的青绿山水画家。

　　王希孟画史无载，据说他原是国子监画学中的生徒，后进入宫中文书库，是宋徽宗时宫廷画家，曾受到徽宗指授，十八岁画出传世名作《千里江山图》，不幸早逝，年仅二十余岁。《千里江山图》（故宫博物院藏），横1191.5厘米，纵51.5厘米，绢本，设色，是古代青绿山水中的鸿篇巨作。该图用重清绿画连绵不断的江山，点缀以村舍寺观、疏林丛竹，描写精细入微，而气势仍宏壮开阔。全画不露墨笔而用石青石绿等染出山石花木，颜色艳而不浮，整个画面色彩璀璨夺目而又沉厚协调。这种几乎全不见墨和而以颜色染出山水在此之前从未见过。该图构图合理，令人观之有身临其境之感，用笔工细

《千里江山图》，王希孟画。

而不拘板，成功地表现了江河树木等自然形象和广阔空间。

赵氏兄弟擅长画青绿重彩山水，兄赵伯驹，字千里，弟赵伯骕（1123年—1182年），字晞远，为宋朝宗室。赵氏兄弟的传世作品不多，《江山秋色图》传为赵伯驹所作，该图绢本、设色，横324厘米，纵55.6厘米，藏于故宫博物院。此图用青绿设色，用色淡而透明，不掩下面的皴笔，称"小青绿"。全卷山迴路转，江河透逦，间以竹林、树木、楼观、屋宇、桥梁，是富丽精细的全卷山水。与《千里江山图相比》，此图没有开阔的江天而以险峭幽深、曲折可游取胜，用笔极精细，笔法更老练，工细明艳之余兼有秀润沉稳之态。

《千里江山图》和《江山秋色图》这两幅作品为青绿山水的代表作，不仅仅在宋代，甚至宋以后所见的画青绿山水极少达到这么高的艺术水准，这两幅作品堪称"丈青绿"、"小青绿"山水的精品。

李唐绘画承前启后

南宋画家李唐一变北宋山水画风格严谨的格局，开启南宋水墨山水画笔墨苍劲、造型简洁的新面貌，在两宋绘画史上起到承前启后的作用。

李唐，字晞古，河阳（今河南孟县）人。北宋徽宗时画院画家，金兵攻破汴梁后，他辗转到了临安（今杭州），流落街头，以卖画为生。建炎年间，得到太尉邵宏渊推荐而重入画院。李唐之画，颇得宋高宗赵构赏识，认为可与唐代著名画家李思训的金碧山水相媲美。

李唐擅长于山水、人物、禽兽、界画，尤精于水墨山水和人物。山水师法于荆浩、关全、范宽而有所变化。山石四面厚峻，山顶林木茂密，墨气厚重，皴法老硬，用笔刚劲缜密，再现了北方山水的峭拔雄浑。到江南以后，用墨更加淋漓畅快，爽利简略，以表现江南的山明水秀，云烟变幻。在布局上，多取近景，突出方峰或崖岸，他改变了以往全景式山水的构图法，采取了顶天立地的方式，突出描绘自然山水的一角。这些都开宋代山水画新风。李唐的人物画表现了强烈的感情，寄托对祖国河山的眷念和复仇雪耻的愿望。

李唐作品现有《万壑松风轴》《长夏江寺图》《江山水景图》《采薇图》《晋文公复国图》等。

《万壑松风图》作于1124年，时年李唐已70高龄。这是李唐反映北宋时期山水画面貌的作品，画面正中主峰高峙，峭壁悬崖间有飞瀑鸣泉、白云缭绕，茂密高大的松林，郁郁葱葱，整个景物逼人眉睫，加上笔墨爽健苍郁，给人一种气势磅礴的感觉。赞颂了大自然的雄壮之美。

《江山水景图》与此图格调接近，但笔墨更为简练老健。

《长夏江寺图》今藏北京故宫。绢本，青绿重设色，但仍以墨笔勾皴为

《万壑松风图》，李唐画。

《采薇图》，李唐画。

主，勾勒挺健多断折，皴笔横劈竖砍，放纵自由，以大斧劈皴和青绿着色相结合，这是一处大胆的创造，后人称其手法为"斧壁皴"。

《采薇图》是其人物故事画代表作，绢本，水墨减设色。描写殷贵族伯夷、叔齐不食周粟，隐居首阳山采薇为食的故事，作者选取了他们采薇中休息的瞬间，伯夷抱膝而坐，双目凝注，叔齐身体前倾，似在讲话。通过人物姿态与面部的刻画，表现一种坚强刚毅、不折不挠的性格。右边古藤缠绕松，左边枫树奇崛如铁，有力地烘托了两人会心交谈的悲壮场面，此图在中国古代人物画中，是一件不可多得的成功作品。

李唐对稍晚于他的刘松年、马远，夏圭等人的绘画创作影响很大。南宋画院水墨苍劲一派，李唐实为开拓者，后人将他列南宋四家之首。

米友仁善画江南

1153 年，宋代画家米友仁去世。

在北宋末南宋初，米友仁以他著名的江南山水画活跃在画坛上。

米友仁（1074 年—1153 年），字元晖，小字虎儿，米芾之子，世人称其为"小米"，太原人。19 岁时作《楚山清晓图》受到徽宗赵佶的赏识，此后名声大噪。宋室南渡后，米友仁曾任兵部侍郎等职。

米友仁上承家学，尽管书法上不比乃父，但却继承和发展了其父的画风，山水画尤为精绝："点滴烟云，草草而成，而不失其天真，自题为墨戏。"他特别注意写生，在自然的山水中寻找灵感。所绘之画题材多为表现湿润多雨、烟雾弥漫的江南山水，给人以朦胧飘缈之感，其友翟耆年有诗云："善画无根

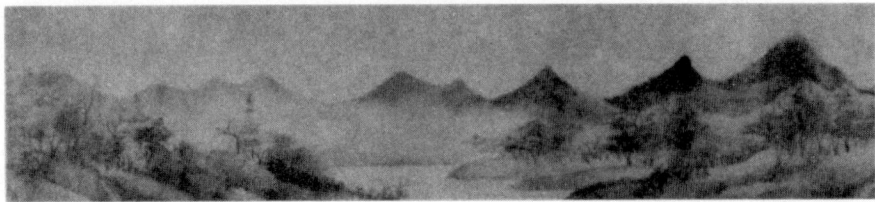

《潇湘奇观图》，米友仁画。

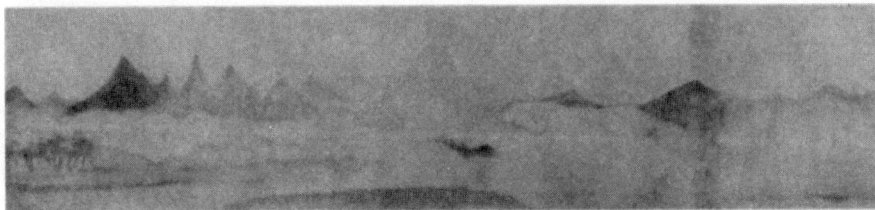

《潇湘奇观图》，米友仁画。

树，能描濛漎云"，道出了米友仁水墨山水画的特点。传世作品有《云山小幅》、《潇湘奇观图》、《潇湘百云图》等画卷。

《云山小幅》是一纸本方幅。画山头和坡石以皴染、勾勒为主，树木则用浓墨画干，用湿笔点叶，又留出空白表现烟云，虽然草草而成，却尽得率意天真之笔。《潇湘奇观图》是一水墨纸本长卷。画连绵不断的云山，山头反覆皴渲，上加浓淡墨点；树木有干无根，似悬浮地上，再以湿笔点叶，以笔尖点树顶枯梢；整个画面显得浑茫模糊，不露笔踪而意境俱在。

在二米之前，山水画崇尚精确细致表现客观景物，米友仁在运用简率的泼墨来表现江南烟云迷漫的山水境界有较大的突破。其脱略形似、放浪于规矩法度之外立意去表现江南迷濛云山烟雨的画风，对元以后的文人画产生了深远的影响。

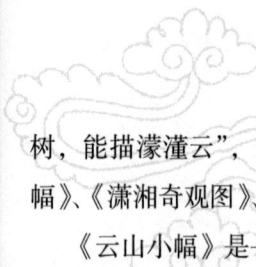

苏汉臣画《秋庭戏婴图》

南宋初年，风俗画中的盘车题材逐渐消失，苏汉臣于画坛独辟蹊径，以善于画情趣动人的婴戏而著称于世。

苏汉臣，河南开封人，宋徽宗时曾为翰林图画院待诏，师从刘宗古，善长画道释人物、仕女，尤其是儿童画。宋室南渡后，他到了绍兴翰林图画院复职。宋孝宗隆兴初（1163年—1164年）因画佛像"称旨"，特授承信郎。

苏汉臣的作品以表现幼儿形象及游戏时天真活泼的情态著称，平生作婴戏图甚多。今世传有《杂技戏婴图》《婴戏图》及《秋庭戏婴图》等名作。尤其《秋庭戏婴图》是苏汉臣的代表作。

《秋庭戏婴图》画秋天的一户富家庭院里，两个衣着整洁，面庞圆润的幼童正围在螺钿木墩旁边，兴致勃勃地玩着转枣磨的游戏，生动地刻画了幼童全神贯注的神情和天真聪慧的形象，反映了作者对儿童生活的熟悉和挚爱的情感。

此图运用北宋画院缜密富丽的写实画风，用笔简洁劲利，色彩明丽典雅，极赋生活情趣。

苏汉臣婴戏画，最为世所看重，后人说其"制作极工，其写婴儿，著色鲜润，体度如生，熟玩之不啻相与含笑者"。

杨无咎画村梅

南宋初年，文人画家杨无咎对村梅心有独钟，所画墨梅，可谓一枝独秀。

杨无咎（1097年—1169年），字补之，江西清江人，号"逃禅老人"。为人正直耿介，一生无意仕途。南宋初，因不依附权臣秦桧，"累征不起"。工于书法，善于词句，精于绘画，擅长用水墨写梅竹、松石、水仙，尤以墨梅著称于世。

杨无咎画梅师宗仲仁。仲仁是北宋末年以善画墨梅著称的花光和尚，由于偶见月光将梅花影子映照在纸窗上，就创造出以墨晕作梅花的画法。杨无咎继承其法并有所变化，创造出一种用细线圈花的画法，取材多为山间水滨的野梅，疏枝冷蕊，具有荒寒清绝之趣。他这种淡墨白描的画梅方法，更能表现梅花的清妍之态。然而，他这种"野逸"格调的墨梅与宫廷画家笔下珍奇富丽的"宫梅"相比，风格趣味迥乎不同。传说宋高宗曾把他的作品贬称为"村梅"，他遂自题为"奉敕村梅"，由此可领略到他那凌傲霜雪的腊梅品性。

杨无咎的传世作品主要有《四梅图》《雪梅图》《孤竹图》等。

《雪梅图》，杨无咎画。

《四梅图》是纸本水墨长卷，画未开、欲开、盛开、将残四枝梅花。粗枝用焦墨飞白画成，枝梢以饱笔一挥而就，梅花用淡墨笔尖轻轻点缀，在水墨枝干映衬下，显得十分皎洁清丽，整个梅花的山野自然之态跃然纸上。

　　《雪梅图》绘野梅、疏竹，浓墨写干，细笔勾花，淡墨烘底，留下空白表现雪梅花，黑门对比分明，生动地传达出梅花的清肌傲骨。

　　杨无咎的村梅，不仅创立了墨梅新派，还推动了文人水墨画的新发展。当时仿学他的人很多，形成一股新的画风，元末明初著名的墨梅画家王冕与他有着不可分割的渊源关系。

马远独步画院

南宋时期，马远在山水画的章法剪裁、形象概况及笔墨提炼等方面，都有突出的创造。一时在画院中独领风骚。

马远，字遥父，祖籍河中（今山西永济），移居钱塘（今浙江杭州），宋光宗、宁宗时画院待诏。他的曾祖、祖父、父亲、伯父、兄弟、儿子都是画院画家，他们的艺术实践，对马远的绘画产生过很大影响。他继承家学并吸收李唐画法，形成自己的独特风格。

马远绘画以山水见长，亦工于花鸟、人物。马远的山水画多取材于江浙一带山川景物。在取景上一变山重水复的全景式构图，往往突出一角，其余用渲染手法逐步淡化为朦胧的远树水脚、雾雨烟云，并通过指点眺望的画中人把欣赏者的注意力引向虚旷的空间，给人以无限的遐想余地，时人称其为"马一角"。在用笔上，他发展了李唐等人笔墨雄健、沉郁劲强的特色，扩大了斧劈皴法，所画树木杂花，多用水墨夹笔，画山石则用笔直扫，水墨俱下，见棱见角。马远的山水画，优美简洁，富有诗意，把李唐以来的水墨山水发展到了近乎完美无瑕的地步。代表作有《踏歌图》、《水图》、《寒江独钓图》等。

《踏歌图》近处田垅小桥，巨石踞于左角，疏柳翠竹，四位略带醉意的老翁边歌边舞于垅上。远处高峰笔削奇形，树木掩映中城楼隐现，朝霞斜涂。整个气氛欢快、清旷，形象地表达了"丰年人乐业，垅上踏歌行"的诗意。而笔法劲健，构图简洁，不用大斧劈皴，都显示出马远的特色。

《水图》成功地表现了水在不同环境中和气候下的种种形态，共有 12 种，其中"黄河逆河"、"湖光潋滟"尤为精妙。《水图》很少有其他景物，而是以

《踏歌图》，马远画。

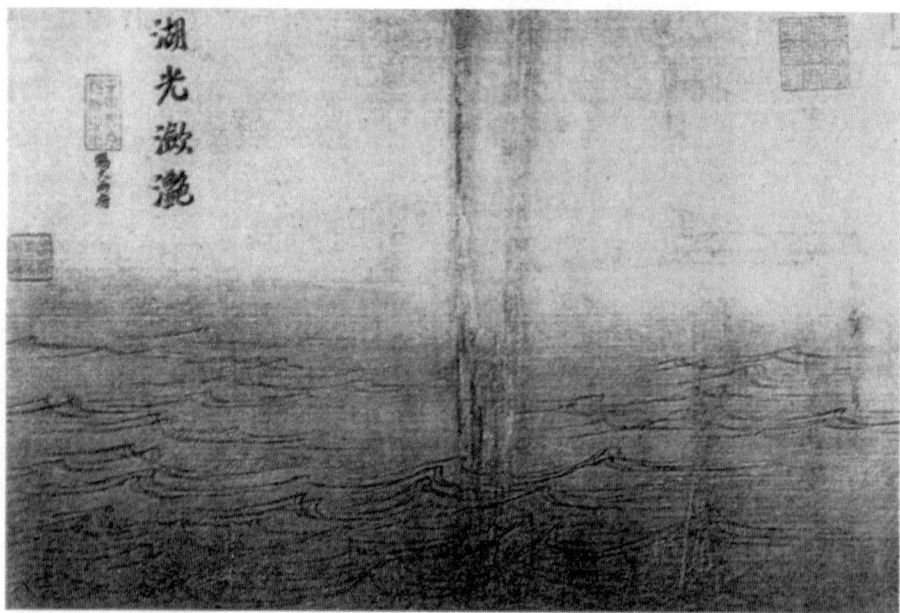

《水图》之"湖光潋滟"

《水图》之"黄河逆流"

《水图》之"晓日烘山"

不同的线条，画出各种水波，使每一幅都有一个完整的如诗一般的意境，显示出作者高超的技巧。

马远与夏圭并称"马夏"，又为南宋山水画四家之一，在当时被赞誉是"独步画院"。他的画风，对明代院体画和浙派绘画都有直接的影响。

刘松年称绝画院

南宋时期，刘松年毕生从画，其山水画的风格和成就卓越独奇，被赞誉为"院人中的绝品"。

刘松年，钱塘（今杭州）人，因居清波门而被人称为"暗门刘"，是宋孝宗、光宗、宁宗三朝的宫廷画家，曾为画院待诏，宁宗（1195年—1224年）

《四景山水图》，刘松年画。

时，因画著名的《耕织图》，得到赐金带的殊荣。

刘松年早年师法张敦礼，张是李唐的学生，所以刘松年的画风亦与李唐类似。其水墨山水与李唐一脉相承，但更为精细工致。山石用小斧劈皴，树多用夹叶，楼台建筑工细严整，但毫不刻板，形成自己独特的风貌。他的人物画多取材于历史人物故事、文人贵族生活和佛道，设色明快典雅，线描细秀劲挺，神态气质活灵活现。刘松年的山水、人物代表作主要是《四景山水图》。

从《四景山水图》中可以看到，在李唐作品中残存的北宋遗法和浑厚苍劲、山野自然的韵味，至此已消磨殆尽，逐步演化成一种精致雅驯、笔墨经过精心修饰的新画风，它最适于表现西湖秀丽空蒙之景和湖滨宫苑贵邸的悠闲安逸的士人生活。这种画风上的变化正好反映了当时上层统治者自认为亡国危机已经过去，可以歌舞升平，尽情山水享受的社会现实。

刘松年的绘画是李唐和马远、夏圭间的过渡阶段，他把李唐开创的画风雅驯化、精美化。因此，在中国画史上，人们把他与李唐、马远、夏圭并列，合称南宋山水四大家。

梁楷善画人物

南宋画家梁楷在前人的基础上大胆创新，其减笔人物画堪称南宋画坛一绝。

梁楷，山东东平人，善于画人物、山水、道释、鬼神。南宋嘉泰年间（1201年—1204年）为画院待诏。他生性狂放不羁，常纵酒高歌，不拘礼法，人称"梁疯子"。宋宁宗赵扩曾赐他金带，他却把金带挂在院内而不受。他这种强烈的个性十分鲜明地表现在他的作品里。

梁楷作画，师法贾师古，但其画风狂逸，又远过其师。他的绘画风格独特，大致可分为细笔和粗笔两种。细笔尽得李公麟画风，粗笔更是夺人眼目，用中锋时，笔法疾促短劲，极为简练，后人称之为"折芦描"，如《六祖斫竹图》，用侧锋蘸水墨横扫而略去轮廓线时，粗狂豪放，后人称之为"减笔描"，如《泼墨仙人》等。

《八高僧故事图》部分，梁楷画。

《释迦出山图》，梁楷画。

《八高僧故事图》（部分），梁楷画。

　　他的画，后人评说"精妙工笔皆草草，谓之减笔"。从传世作品看，《八高僧故事图》《释迦出山图》《泼墨仙人图》《李白行吟图》等，都是以极其简洁的笔墨、高度集中的概括手法描绘出来的人物风景画。特别是其中的《泼墨仙人图》，用大笔蘸墨，草草数笔构列出仙人衣着，如墨泼纸，水墨酣畅。仙人面目，浓墨涂抹混然成形，神气宛然，仙人蹒跚的醉态极为生动传神。人物形象奇古，用笔似信手而成。《八高僧故事图》画禅宗八位高僧，每人一图，连为长卷。每图用古拙幽默兼有夸张的面貌表情，回曲婉转的衣纹剪裁精练，幽暗诡异的景物，表达禅宗卓异古怪的行径和含蕴的机锋哲理。《李白行吟图》寥寥几笔，意溢神足，使得诗人李白洒脱飘逸的形象跃然纸上。

　　梁楷的绘画开创了南宋人物画笔墨简洁，水墨苍劲的新画风，对后来的牧溪、龚开及元明清的文人画，甚至日本室町时代的绘画都产生过不同程度的影响。

法常画法自然

南宋末年，画家法常和尚泼墨、焦墨并用，湿笔燥笔兼备，纵横恣肆，脱略细节，任其自然，尽求物象神髓，于画坛独树一帜。

法常（生卒年不详），号牧溪，四川人，南宋理宗、度宗时（1228年—1274年）为杭州西湖长庆寺僧人。他秉性正直，蔑视权贵，曾因出言攻击权奸贾似道而受到追捕，不得不逃避到绍兴丘姓家。元吴大素《松斋竹谱》说他"圆寂于至元间"。

法常绘画以水墨为主，上承梁楷画法的余韵，技法更加娴熟。据说他"喜画龙、虎、猿、鹤、禽鸟、山水、树石、人物，不曾设色，多用蔗渣草结，又皆随笔点墨而成，意思简当，不费妆缀，设松竹梅兰，不具形似，荷芦俱有高致"（吴大素《松斋梅谱》卷十四）。他的风格是随笔点墨，意思简当、形神俱备，脱略于一般形似，笔墨自然而无雕琢之弊。

法常的传世作品很多，现珍藏于日本的有《观音图》《猿图》《鹤图》《罗汉图》《松树八哥图》五件真品，国内还有他的《写生蔬果图》《花果翎毛图》等。

流传于日本的真品是南宋理宗时来华的日本僧人带回的。尤其是猿、鹤、观音三图更为其中精品。观音仪态端庄，面容祥和；鹤之轩昂悠闲，高脚灵跷；子母猿亲密相依，平静柄息于枯枝之上。皴染间用，墨法滋润，具有很强的表现力。

法常善画佛像、人物、山水、花鸟，画艺广博。但他在元初时还不能为时人看重，夏文彦斥责说他的画"粗恶无古法，诚非雅玩"。然而他的作品在日本却被视为"国宝"，对日本的水墨画影响很大。

《猿图》，法常画。

李衎画墨竹

李衎（1245年—1320年），蓟丘（今北京）人，字仲宾，号息斋道人，是元代较早的文人画竹名家。他曾在太常寺为吏，官至吏部尚书、拜集贤殿大学士，死后追封蓟国公，谥"文简"。

李衎是元初北方文化系中最重要的画家之一。到过一些著名的产竹区，深入观察过各种竹子的生性和姿态，撰写成《竹谱详录》7卷，详述竹子的品种和画竹的技法，对后世影响很大。他说画竹有两种方法，一种是双勾填绿，学五代的李颇；一种是墨笔写竹，学北宋文同之法。李衎画竹好取全景，多以雨、雪等自然现象的变化来渲染气氛，衬托竹子坚韧刚直的个性。在他的传世作品中，墨竹以《梧竹兰石四清图》最为著名。此图前半画慈竹和方竹各一丛，形态和叶序都画得很准确，表现出他观察和写实水平很高；画卷后半的兰竹飘逸出尘，梧石潇洒浑厚，笔法秀雅，墨彩滋润，是元人墨竹中最杰出的作品之一。

竹石图（轴部分），是李衎双钩设色画竹的优秀之作。

李衎的双勾填绿竹风姿秀美，竹叶密而不乱，叶身叶尖的着色都有变化，装饰效果很强，可以《双勾竹图》和《沐雨竹图》代表。《沐雨竹图》中在倾斜的竹杆和下垂的竹叶上似乎可见下滴的雨珠，十分生动自然。李衎还擅长画松石古木，有《双松图》传世。他的儿子李士行也是画竹名家，作有《乔松竹石图》等。

新篁图（轴部分），此幅墨竹真实、生动、自然，充分体现出李衎敏锐的观察力和写实技巧。

龚开、郑思肖以画抗元

宋朝灭亡后，有一些文人画家隐居不仕，以绘画表现个人志节，流露对前朝的忠心和怀念以及对元代统治的不满，代表人物有龚开、郑思肖、温日观和颜辉等。

龚开（1221年—约1307年），字圣与，号翠岩，江苏淮阴人，南宋时曾任两淮制置司监，参加过抗蒙斗争。宋之后在苏杭间居住，开始了绘画生涯。龚开长于画人马、墨鬼，曾作画论《论画鬼》，认为"人言墨鬼为戏笔是大不然"，提出画鬼与画人的关系就如同草书与真书的关系一样，"岂有不善真书

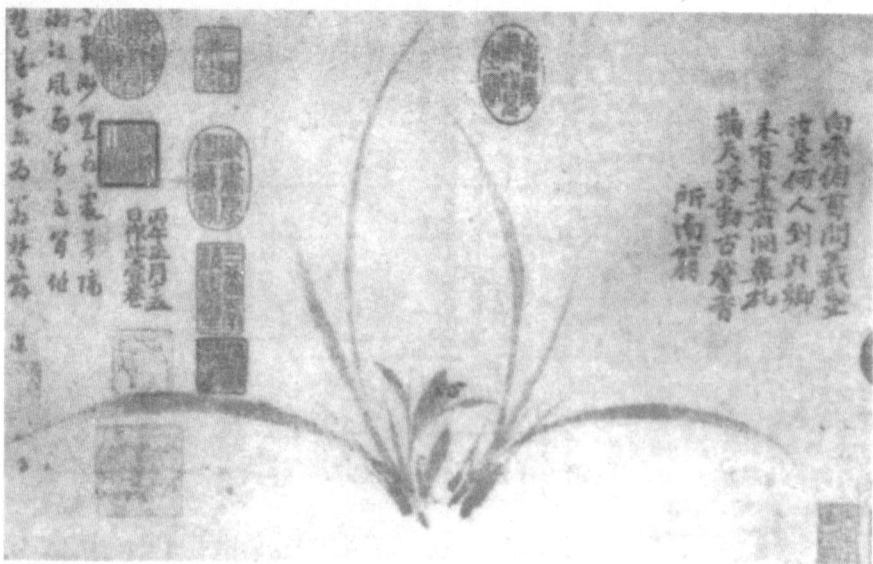

墨兰图（卷）。郑思肖（1241年—1318年）作。此图卷绘有兰花一丛，用笔简逸。作者善画墨兰，写兰多露根，不写地坡，隐喻国土沦丧，有天无地，借此表现其爱国情怀。

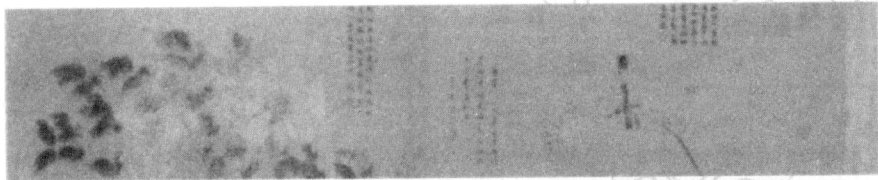

花鸟图（卷，部分），钱选作。此卷分3段，首段绘碧桃，一翠鸟昂首立枝头；中段绘牡丹，绿叶与粉花相掩映；末段绘寒梅，花朵点缀其间。整个画面设色清丽，风格雅秀。每段都自题诗文，并分别钤印。

而能作草者？"他画风怪异，描法粗厚，坚实凝重，古拙沉厚，常在画中渲泄一腔亡国之恨。他画的《中山出游图》卷表达出希望借钟馗之力驱走恶魔，复兴宋室的心愿；又曾画《瘦马图》卷，叹息老无所用，壮志难酬的遗憾。

郑思肖（1241年—1318年），字忆翁，号所南，福建连江人，宋时曾为太学士，宋亡后绝意仕途，自号所南，寓背离元廷之意。他擅画兰竹，常在画中倾诉对宋朝的思念和亡国的悲愤。他用水墨画兰花，隐含着孤芳幽邃之意，以所画的露根兰来隐喻国土被外族人夺去。他画墨竹大多为晓光淡泊、苍烟数杆的景象，用来勉励自己保持晚节。著有《郑所南诗文集》传世，多表达故国之思。又著《心史》一书，全书深寄亡国之痛。

此外，颜辉在他的《钟馗雨夜出游图》中将鬼卒画成蒙军，也是以画抗元，表现出可贵的民族气节和爱国主义精神。

米氏云山派流传

　　金代风行一时的由宋代米芾、米友仁开创的云山墨戏，成为元代米氏云山的来源。元代承传米氏云山的画家众多，如高克恭、方从义、龚开、郭军、张羽等，其中最有成就的是高克恭和方从义。高克恭（1248年—1310年），字彦敬，号房山道人，维吾尔族，官至刑部尚书。平生酷嗜书画，又爱江南山川，与当时文人画家交游甚广，是一个学识渊博的少数民族画家。他善绘山水，融合米氏云山兼取董、巨皴染而自成一家，亦擅画墨竹，常绘山色空濛、烟云峰峦之景，并用疏树、屋宇点缀其间，画风秀润清丽、俊朗厚实。代表作有《云横秀岭图》轴、《春山晴雨图》轴等。他的墨竹学习王庭筠，当时被称赞为"尚书高妙无敌"，他的《墨竹坡石图》画的坡石双竹笔法沉厚，是一幅难得的佳作。他曾多次到江南任职，后又在杭州定居，对南北绘画的交流起到了积极的作用。

　　方从义（约1302年—1393年），字无隅，号方壶，是江西贵溪人，上清官的道士。他的画意出自董、巨和二米，所画的云山笔致跌宕放达，迹如粗头乱服，野朴不驯，狂放潇洒。其传世之作有《山阴云雪图》轴、《高高亭图》轴、《武夷放棹图》轴和《神岳琼林图》轴等。

　　《云横秀岭图》，此图画层峦高岭，溪桥疏树。上下峰峦及近景坡石树木之际，间以白云朵朵，从而掩去大山给人的窒息之感，并增加了景物的深度，使画面元气浑沦。整幅画设色明丽、笔墨精妙、用笔灵活。山石多用米点皴，但又採进新的变化，如山巅的"矾头"，水边的卵石以及米点之下的"披麻皴"。说明高氏并非刻板效学二米写烟雨林峦，还吸收了董源、巨然山水画的长处，以丰富自己的技法。

任仁发画《二马图》

任仁发（1254年—1327年），字子明，号月山道人，上海松江人，官至浙东道宣慰副使，是元代著名的水利专家，一生中曾主持修建了许多大型水利工程，并著有《浙西水利议答录》10卷。

任仁发的绘画深受元初"崇唐"文艺思潮的影响，他的工笔人物、花鸟、人马皆得唐人笔意，尤其擅长画马，他的人马画可与赵孟𫖯相媲美。他画马学习了韩干，画风精细规整，着色明丽秀雅。他的传世佳作有《出圉围图》卷、《张果见明皇图》卷等。他的最有代表性的作品是为后人所称道的《二马图》卷（故宫博物院藏），画中的马一肥一瘦，是用来讽谏"肥一己而瘠万民"的贪官，讴歌"瘠一身而肥一国"的廉臣，用图画生动地揭露出了官场中的黑暗。

《张果见明皇图》，描绘了《明皇杂录》记载的唐明皇李隆基与神话传说中的八仙之一张果老相见的情景。画中人物神态刻划入微，衣纹作游丝描，笔法精工，是任氏人物画精品。

任仁发的《秋水凫鹭图》轴的画风精密细致，色彩清艳，在盛行墨笔写意花卉的元代也是一幅少见的佳作。

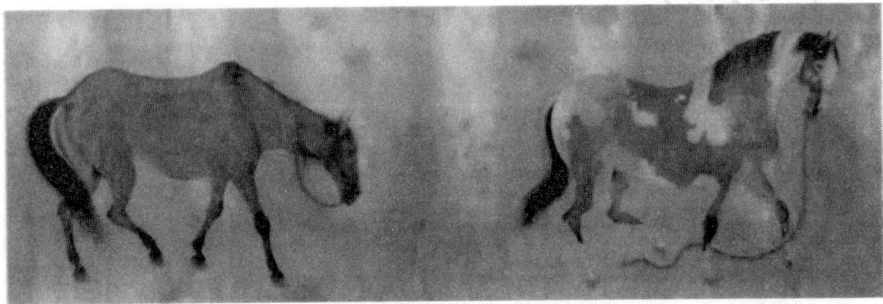

《二马图》，此图用笔简劲有力，画风细腻，设色明丽，是任氏别具匠心的优秀之作。

何澄进呈界画

　　何澄（1223年—1312年），元朝大都（今北京）人。世祖时，以画艺待诏宫廷。至元二十五年（1288年），曾画《陶母剪发图》。至大初年建兴圣宫，皇太后命何澄主管绘画事宜。接着，何澄以秘书监进入仕途。皇庆元年（1312年），何澄进呈界画《姑苏台》、《阿房宫》、《昆明池》三图，被授以昭文馆大学士、中奉大夫，时年已九十。他的弟子刘仲谦也是当时京城名画家。何澄的传世作品有《归庄图》。

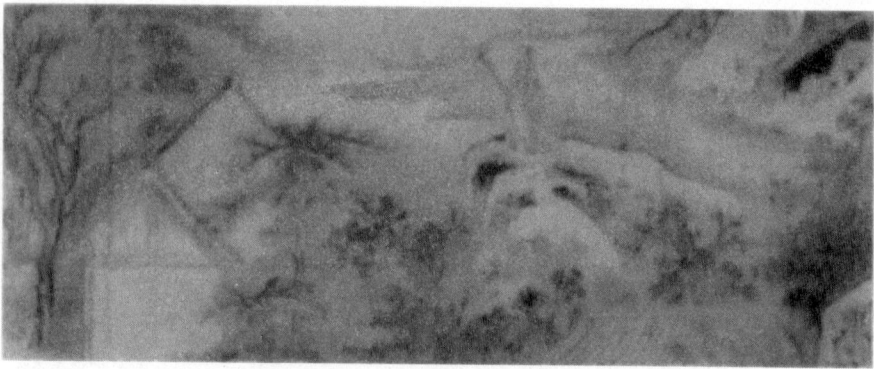

何澄《归庄图》卷（部分），画陶渊明《归去来兮辞》意。

王冕诗画自成一格

　　王冕（？—1359年），字元章，号煮石山农，会稽（今浙江绍兴）人，元代诗人、画家。他出身贫寒，7岁放牛时就好读嗜画，学问很深但却屡试不第，仕途失意后更增加对元代腐朽统治的憎恶，返乡后以卖画为生，寄愤情于画墨梅，成为元代画墨梅最有新意，成就最高的画家。他曾自题《墨梅图》卷："我家洗砚池头树，个个花开淡墨痕，不要人夸好颜色，只留清气满乾坤。"显示了画家超脱俗世的个性。他画梅学习了宋华光和尚和扬无咎，后自成一体，创"以胭脂作没骨体"，又创"密梅"的新画法，撰有《梅谱》，详

王冕的《墨梅图》卷。此卷画一枝报春的梅花，花瓣用墨染成。全画生气盎然，清新悦目。

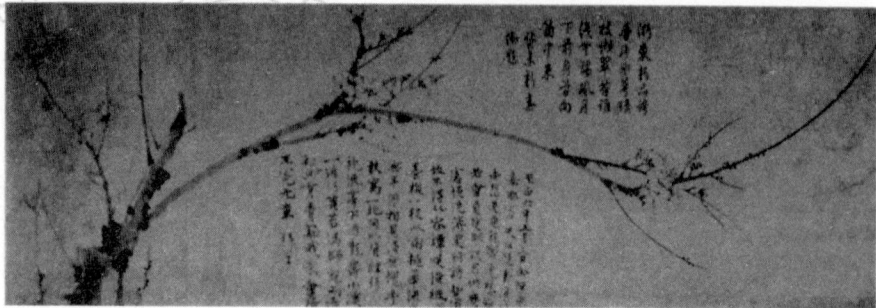

王冕的《墨梅图》卷。写出野梅清疏的风姿，笔墨精炼蕴藉。梅花的画法，发挥了杨无咎"笔分三趯攒成瓣"的圈花法，改一笔三顿挫为一笔二顿挫，花须花衣随意点簇，颇为洒脱。

论画梅渊源和画法要点，后人画梅多从中吸取有益之法。他的传世作品有水墨点瓣和白描圈瓣二体，前者以《墨梅图》卷为代表；后者以《墨梅图》轴为代表，此图画一倒垂老梅，疏花秃枝，满幅充溢着嫩俏清寒的冷峻之气。王冕所作的梅花不论点瓣、圈瓣，都画得枝梢挺秀纤细，呈富有弹性的孤线，上缀密蕾繁花，在清妍中透露出旺盛的生机，和宋代人所画的铁杆疏花、有苦寒之态的梅花有所不同，所以《图绘宝鉴》中评价他的作品是"万蕊千花，自成一家"。他有时在画白描圈瓣梅花时还把背景全部用淡墨染暗，比宋代汤正仲的"倒晕"更能衬托出梅花的高洁，所以当时人称赞他的作品有"上有万点冰花明"之句，都表明了他画梅的独到之处。明魏成宪也曾夸赞他画梅花："山农作画同作书，花瓣圈来铁线如，真个匆匆不潦草，墨痕浓淡点椒除。"王冕的墨梅确实取得了很高的艺术成就。

王冕出身农家，长期生活于民间，在元末阶级矛盾日益尖锐的情况下，还写了许多反映社会现实的诗。其诗作集中保存在《竹斋诗集》（4卷）及附录（1卷）中，诗作的思想内容较为丰富，主要表现对人民生活疾苦的同情，对权贵的腐败骄奢的谴责，以及对功名利禄的轻蔑。如《伤亭户》中用"天明风启门，僵尸挂荒屋"的凄惨景象，写出了一个盐民在课税催逼下全家丧亡的悲剧。《痛苦行》中"京邦大官饮酒肉，村落饥民无粒粟"；《江南民》中"淮南格斗血满川，淮北千里无人烟"，都大胆揭露了社会弊端，较为深刻。

而在《对景吟》中写"五陵年少郎，卖田去买青楼娼"，则揭露了官僚地主的荒淫无耻行径。而对黑暗的现实，他不愿同流合污，常借咏梅以表现自己不甘随俗沉浮的品格志向。如《白梅》中"冰雪林中著此身，不同桃李混芳尘。忽然一夜清香发，散作乾坤万里香"。他的诗风质朴豪放，善于运用对比手法，在元代诗歌中属上乘之作。

王冕的诗画所取得的思想和艺术成就都很高，而且自成一体，风格独具。

赵孟頫绘画主张有古意

　　赵孟頫是元代画坛的领袖人物，是元代文人画的主要奠基人。赵孟頫认为作画贵有古意，这是他审美思想的核心。他提出了崇尚唐人的艺术思想，实际上否定了宋代院体刻意求形的写实画风。借崇古以创新，强调画人物要描绘出其性情为佳，他画山水亦重师法造化。赵孟頫还将书法与绘画用笔有机地结合起来，揭示了书画的内在联系。赵孟頫身体力行，擅长山水、花鸟、人物、鞍马和竹石墨戏，工笔、写意、设色、水墨无一不精，对元代文人画的兴盛在理论、技法、风格上都起了开辟道路，转移一代风气的作用。

　　赵孟頫（1254年—1322年），字子昂，号松雪，又号水精宫道人，湖州人。宋朝宗室，早年以父荫补官，任真州司户参军。元代被荐引入都，历任同知济南路总管府事、江浙行省儒学提举、翰林侍读学士。延祐年间，改任集贤学士、翰林学上承旨、荣禄大夫，去世后被封为魏国公，谥文敏。在元代深受元世祖和元仁宗的宠遇，尤其是仁宗十分敬重他的才华，将他比作李白和苏轼。他博学多才，工古文诗词，通音律，精鉴赏。著有《尚书注》、《琴原》、《乐原》各1篇，诗文著作有《松雪斋文集》传世。

　　赵孟頫的绘画渊源，主要取自晋唐和北宋。工笔重彩的人物鞍马画，多保持唐人风范，法度严谨，风格古朴。白描水墨取法李公麟，山水画出自董源、巨然和李诚、郭熙两大体系，但他能脱去精勾密皴之习，参以唐人高古之趣，自创新格。他尤其善于把书法用笔融入绘画之中，创用枯笔淡墨，浅绛设色的方法，格调疏淡隽逸，在花鸟画方面，赵孟頫融合徐熙、黄筌二体，兼工带写，不事工巧，而以清疏淡雅取胜。他的兰竹画继承苏轼、文同，赵孟坚的传统，采用飞白书法写竹石，进一步丰富了文人墨戏画的表现技法。

赵孟頫传世画迹，呈现两种画风：工整和疏放。工整者浑穆精丽有唐人风韵，如《浴马图》（故宫博物馆藏），画唐代圉夫洗浴皇家良驹，人马用游丝描，刻划得十分细腻生动，坡石、古木笔法沉厚，设色以突出人马为主，间用青绿，敷彩清丽华美，笔墨疏放秀逸者有《鹊华秋色图》（台故宫博物院藏），画的是济南郊外的鹊山和华不注山，整幅作品具有宁静、闲适的抒情基调，多用干笔皴擦。这种干笔画风在他的《水村图》卷（故宫博物院藏）里更为醇熟。另外，还有写真写实的画迹如《红衣罗汉图》卷、《秋郊饮马图》卷、《人骑图》卷和《奚官调马图》卷等。他的竹石画如《秀石疏林图》卷和《怪石晴竹图》卷等，皆以纵逸之笔抒写，其清俊的绘画风格极大地吸引了后世文人画家的追崇和效仿。

赵孟頫一家皆长于书画，名于一时。赵孟頫自至元二十二年（1286

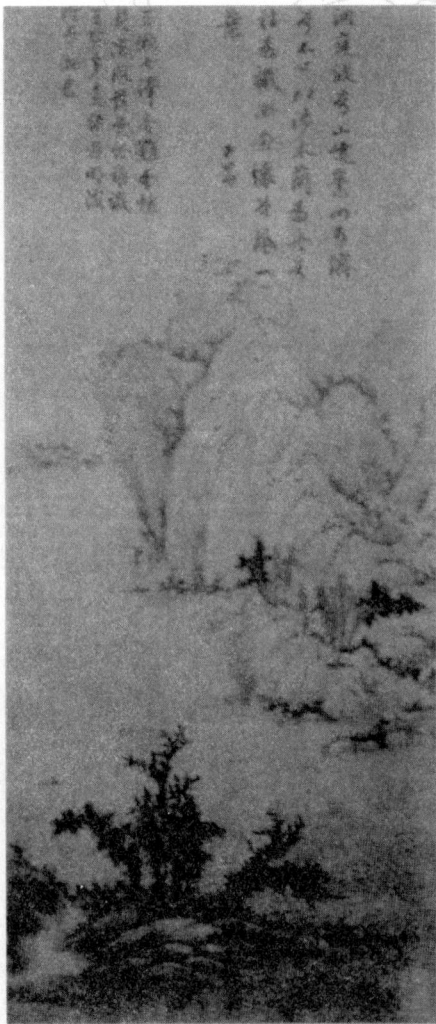

赵孟頫的《洞庭东山图》轴，笔墨从董源的规范中变化而来，柔和流畅的披麻皴和疏密相间的点苔，表现出江南草木华滋的土山形貌。细密的鱼鳞水纹，写出大湖碧波潋滟的水光。山峦和坡石罩染淡淡的石青、石绿和石赭，以花青点染树叶，画面色调明洁清雅。这种浅绛山水是赵孟頫在唐、宋青绿山水基础上发展起来的新风貌，对元代山水画风影响很大。

赵孟頫《红衣罗汉像》卷，此图重设色画嘉树下绿石坡上一梵僧，着红色袈裟，盘膝侧坐，左掌平伸作示人状。面部渲染不用平涂，神态生动，风格浑穆。作者自云乃用唐人卢楞伽之法为天竺僧写真。

赵孟頫的《人骑图》卷，此卷画一奚，乌帽朱衣，按辔徐行。人物神态奕然，骏马造型准确。此图用笔精工，缜密严谨，笔意古朴秀雅。是赵孟頫人物、鞍马画的代表作。卷末自题云："吾自少年便爱画马，尔来得见韩干真迹三卷，乃始得其意云。"说明赵孟頫深得韩干画马之法。

年）人仕元廷直至至治二年（1322 年）在故里去世，其绘画活动沟通了南北画风，从崇尚唐人为创作宗旨，在山水人物和花鸟画中树立了清新雅致的艺术格调，开创了元代文人画的新面貌，在他的影响下，朝中和江南涌现出一批画风各异的文人画家。

黄公望为元四家之冠

黄公望、倪瓒、王蒙和吴镇，被称为"元四家"，他们都是元代中后期生活在江浙一带，醉心于山水画创作并卓有成就的文人画家。

元四家远师五代董源、北宋巨然，并在不同程度上受到赵孟𫖯的影响，重笔墨，尚意趣，讲究画与书法诗文的结合，是元代山水画的主流。他们多以江南山川风物为题材，画风、技法各有特色，形成了各不相同的意境和艺术语言，都能自成一家：黄公望的画意超迈苍秀，疏松苍逸；倪瓒的画格简淡冷寂，荒寒清旷；王蒙的画韵深秀苍茫，繁茂浑厚；吴镇的画风则沉郁清俊，朴茂湿润。四家中以黄公望最年长，成就最高，对后世特别是明、清文人画影响最大，被称为"元四家之冠"。

黄公望（1269年—1354年），字子久，号一峰，江苏常熟人。本姓陆，名坚，幼时承嗣黄家，有"黄公望子久矣"之语，因名公望。少有神童之誉。早年曾任浙西宪吏，入大都后在监察史任书吏，因受株连入狱，出狱后入全真教，浪迹虞山、富春江一带以卖卜为生。他雅好书画、音律和散曲，尤以山水画冠绝一时，取董源、巨然的"平淡天真"，又得赵孟𫖯主"古意"，并且细心观察自然，常"袖携纸笔，凡遇景物，辄即模写"，终于在晚年卓然成一大家，成为元山水画最负盛名的一位。

黄公望以疏体写江南烟岚山川，喜用长披麻皴皴擦坡、石，笔墨枯淡而不减华滋，意态俊朗而脱去羁绊，画中常以淡赭、花青微染，更显空灵疏秀，使线绛山水走向成熟。他著有《写山水诀》总结其绘画经验和理论，对山水树石的笔墨、设色、布局、结构、意趣等都有精辟论述，被认为是得宋山水画理论的真传，对明清山水画的创作和理论都有深远的影响。他的艺术风格

《九峰雪霁图》轴，为黄公望 81 岁时所作。

黄公望的《剡溪访戴图》轴，此图所画为王子猷雪夜至山阴剡溪访戴安道的故事，见《世说新语·任诞篇》。全图笔墨简澹。

黄公望的《富春山居图》卷（部分）

受到明代董其昌的极力推崇，致使在清代出现"家家子久，户户大痴"的局面。

黄公望的画实践了他的艺术观，今传有《富春山居图》卷、《天池石壁图》轴、《九峰雪霁图》轴和《玉树丹崖图》轴等，其中以《富春山居图》卷最为著称，此画历经数年，从至元四年（1338 年）直到至正四年（1344 年）方始完工，描绘了富春江两岸的烟云、山峦、杂树、沙渚和村舍，展现了百里富春苍茫明洁的深秋风光，凝聚着在远离尘世后对江南山川的钟爱之情；干淡疏朗的大小披麻皴写出了富春土质山的地貌特征，呈现出空旷萧散、深邃渺远的艺术境界，是黄公望水墨山水画的杰作。

元四家中的倪瓒（1301 年—1374 年，一作 1306 年—1374 年），崇尚疏简画法，以天真幽淡为趣，能脱出古法，别开蹊径；所作多取材于太湖一带景色，疏林远岫，浅水遥岑，章法极简，墨色淡简却没有纤细浮薄之感，力求神似。这种"简中寓繁"的风格对明清两代文人画影响极大，明代江南人家以有无倪画来判清浊和雅俗。主要传世作品有《雨后空林图》、《渔庄秋霁图》轴、《六君子图》轴等。

王蒙（1308 年—1385 年），乃赵孟頫外孙，家学渊源，绘画工人物，尤擅山水，得外祖点拨，更参酌唐宋诸家，师法造化而独具面貌，喜欢用枯笔干皴，创牛毛皴，皴法简练成熟。他的山水布局满而不臃，密而不塞，用笔繁复而富于层次感和空间感，善于表现江南山川的温润感，创造出蓊郁深秀、苍茫幽致的境界，如《青汴隐居图》轴、《夏日山居图》轴、《葛稚川移居图》轴等，都体现这个特点。

吴镇（1280年—1354年），一生清贫，为人抗简孤洁，擅画水墨山水和墨竹，善于用湿笔表现山川林木的郁茂景色，笔力雄劲。技法容纳南宋骨体，但又舍弃刚劲而趋于温润，独树一帜，明代沈周、文征明等人多以他为师，传世作品主要有《秋江渔隐图》、《渔父图》、《竹谱》等。

以黄公望为首的元四家，在思想上皆远离元代贵族统治阶层，在艺术上倡导"自娱"和"山气"，实践了文人画诗、书、画相融的理论，标志着文人画的进一步成熟，明人王土贞称之为山水画史上的"一变"。元四家极大地影响了明、清文人画的审美趣味。

《图绘宝鉴》编成

　　至正二十五年（1365 年）七月，松江人夏文彦编成《图绘宝鉴》。全书凡 5 卷，末附补遗 1 卷。

　　夏文彦是美术史家，字士良，号兰清生，吴兴（今属浙江）人。他在本书第 1 卷中主要阐述画论，其论多沿袭前人之说，其他各卷，记述自三国至元代 1500 余名画家的生平。元以前的画家多录自《图画见闻志》、《历代名画记》、《宣和画谱》等书。第 5 卷中有关元代画家的记载，是取自此时的著作和作者本人的亲身见闻，因此，元代部分价值最高，也是《图绘宝鉴》最有价值的一部分。

吴门四家沈周文征明唐寅仇英创建领导吴门画派

吴门画派是在明代中期在苏州地区崛起的一个绘画流派，它继明代前期宫廷院画和浙派的兴盛之后，一跃而成为画坊的盟主，其中沈周和文征明是在文学、书法和绘画艺术方面取得卓越成就的大家，先后成为画坛的领袖人物，同时涌现出许多富有个性特色的画家，该画派的核心人物沈周和文征明都是长州（今江苏吴县，明时为苏州府县）人，吴县春秋时为吴王阖闾建都之地，又称"吴门"，故画派以"吴门"命名，吴派画家的艺术主要继承了宋元以来文人画的传统，大多接受良好的古典文化教育和艺术陶养，他们的作品是时代文化精神的结晶，因而也是中国文人画发展过程中出现的又一个高峰。在明代，吴派的声势最为浩大，延续时间最长，影响最为深远，它在中国绘画史上占有重要的地位。

吴门画派的兴起绝不是画家之间的偶然组合，而是在一定的社会经济、政治、文化的氛围中孕育成长起来的，客观上具备良好的地理环境，繁荣富庶、财力雄厚、文风昌盛、艺术传统悠久等有利的社会条件，加上画家本身的杰出才能，全面的文化素质和潜心的努力，社会名士的热心奖掖和支持，终于造就了200多年吴派的兴盛和发展，在中国绘画史上写下了绚烂的篇章。

沈周（1427年—1509年），字启南，号石田，晚号白石翁，长洲（今江苏苏州）人，出身于吴城一个大家族，祖父沈澄、伯父贞吉、父恒吉都是吴中著名儒生。沈澄于永乐初年以人才被征，后因疾归，几代隐居吴门，沈周幼承家学，沈周绘画从初学到成一代大师大致经历了以下几个时期：40岁以前，沈周受到老师杜琼、刘珏和父祖辈的较深影响，绘画处在师法前人的奠基阶段，如《幽居图》、《采菱图》，与杜琼、刘珏合作的《寿徐有贞六十山水

沈周《庐山高图》

唐寅《孟蜀宫妓图》

合册》、《庐山高图》等都是这个时期的画迹。《庐山高图》是沈周41岁时特为老师陈宽七十大寿所作，为表达对恩师的崇仰，极力画出庐山仰之弥高气势壮阔宏伟的景象，构图的深邃繁复，皴染的缜密灵活，以及黑白虚实的巧妙安排，善用浓墨点苔焦墨提醒的技法，都深得王蒙的真髓，然而经过沈周的惨淡经营，较之王蒙的山水更透出一股蓬勃明朗的气息，此种精工见气魄，绵密里含苍浑的画格，已脱出老师的成法，表明沈周已经独立地走上了自己的创作道路。

　　沈周的作品40岁以后拓为大幅，这不能简单地理解为画幅尺寸的扩大，同时也包含着笔墨逐渐放开，气魄转向雄逸沉厚的风格变革，这一阶段大致延续了15年左右。在这一段时期里，沈周进一步广取博览，上至唐宋青绿山水、董巨江南山水、赵孟頫的小青绿山水，以至南宋李唐、马远刚健挺拔

仇英《桃源仙境图轴》

的笔法等，无不认真揣摩，撷取精英，丰富着自己的素养，同时他对元四家的学习始终不辍，尤其对黄公望、吴镇用功颇深。47岁时，他画有一幅《仿董巨山水轴》，山峦的圆浑，山头密攒苔点和山脚布置卵石等形态，柔和流畅的披麻皴笔法，陡墨皴染浓墨提醒的画法等，都得到董巨的遗韵，但是沈周在布局上有自己的意匠，近处坡石上并列挺拔的树木十分突出，与后方层层山峰相应，构成高拔的气势，在前后景之间安排曲折萦回的溪流，一直引入到山麓深处，沿岸点缀板桥、行人、舟樯、草亭、茅屋等，既增强画面的灵动气派，又有贴近生活的亲近感，如果说元人学董巨多取其平淡幽寂之处，那么沈周更多地注入了人事的怡悦之情。

沈周晚年在继续探求黄公望的笔墨意韵外，尤醉心于吴镇，以锻炼更加简洁、沉郁的画法，他把吴镇的粗豪和黄公望的松秀、王蒙的灵动和马夏的刚健、米氏云山的浑宏等有机地融合成一体，终于形成了"粗枝大叶"而又天真灿烂的独特风格，晚年学仿前人代表作品

文征明《石湖清胜图卷》

的有 61 岁追摹黄公望的《仿子久富春山居图卷》、62 岁《仿子久富春图》和
《临黄公望深山曲坞图卷》、66 岁《摹米元晖大姚村图》、74 岁《临巨然白云
肖寺图卷》、79 岁《临黄公望富春大岭图》以及《仿高克恭雨霁图》等等，沈
周的绘画深深植根于民族传统艺术的土壤里，摄取着前代大师的精英，因而
能够在深广的根基上，建造起自己的艺术殿堂。

　　沈周一生的作品，除了部分仿古之作，大部分是"本乎天然"的创作，
这一类作品的题材共分三类：一是绘写江南真景山水，如《两江名胜图册》、
《苏台记胜图册》《吴门十二景》《洞庭雨山图卷》《张公洞图卷》等，善于概
括集中景物的特征，通过简洁的艺术语言，构思出富有诗意的境界。沈周晚
年形成平中寓变、以虚托实的特殊结构形态，在许多作品中显现出来，对文
征明的山水画产生很大的影响；二是题材虽非描绘具体的山川物景，然境界
富有诗意，充分表达出画家陶醉在自然界里心旷神怡的意绪，如《落花诗意
图》《云际停舟图》《登高吟诗图》等；在花鸟领域沈周也有突出的成就，他
继承了钱选水墨轻色的传统，同时又适当地加入了山水画水墨泼染的技法，
此外他还善用没骨设色法画花卉疏菜。

　　沈周一生未曾做官，以处士终身。沈周高洁的人品，恬淡温和的性格以
及诗、书、画的广博才能，博得社会各阶层人士的尊敬，誉重吴中，流播四
方，很自然地成为画派的领袖。

文征明在沈周晚年脱颖而出,在诗、书、画各方面具备着广博的修养,声名日盛,他的诗作"传情而发,娟秀妍雅",被誉为"吴中四才子"之一,书法初学欧阳询,后法黄庭坚、米芾、赵孟頫,形成俊迈清拔的风格,在绘画上,远窥宋元,近接沈周,已逐渐出现自家的面貌,文征明为人谦和敦厚,安贫乐道,行为端直,不趋权贵,他平生作画"三不肯应",即不为藩王贵戚、宦官和外国人作画,他乐于扶掖后进,从学弟子很多,故在沈周晚年和去世后,文征明成为画派的核心人物,主盟画坛50年。

和沈周一样,文征明对前代大师的追模研习也是不遗余力的,陈继儒《泥古录》对他学习传统的过程有一个归纳:"文待诏自元大家以至子昂、伯驹、董源、臣然及马夏间三出入"说得较为全面和确切,他早期仿古作品中,含有较重的学习前人技法的意义,如《仿黄鹤山樵山水图》,构景和笔墨技法全似王蒙,《天平记游图》具有黄公望松秀苍润的格调。

表现文人的居住环境和日常生活是文征明作品常见的题材,其中如为朋友华夏前后两次所绘的《真赏齐图卷》《葵阳图卷》《高人名园图》《苕上草堂图》《晶荣图》《临流幽赏图》《听泉图》《清秋访友图》《停云馆言别图》等,俱是传世的名作,这些作品基于画家的亲身生活感受,因此笔下写来感情真切,通过"意匠经营",创造出富有典型性的境界,或雄伟深远,或清雅明洁,或荒疏空明,多方面地表现出文人的情愫和理想。吴中和江南地区秀丽的湖山名胜,是文征明常游的地方,因此,他留下了许多诗篇和形象的图画。

文征明的山水画在形式美感上,较之沈周具有更浓厚的文人气息,尤其是在他晚年的细笔山水和青绿山水里反映得更明显,这些作品在构图上更为平实和均衡,很少作重山复水,峰转路回、层层深远的景色,即使是景物较复杂的山水,也是力求布景平衡,后景也画得和前景一样明晰,追求着一种视角直观的平面感,具有很浓重的装饰意味和形式美感。

文征明兼善人物和花鸟,他的人物画吸收了李公麟流畅劲拔的线描技法,又融和着元人的简洁洒脱。他48岁时所作的《湘君湘夫人图》是其人物画的典型之作，文征明的花鸟画属于文人写意画的范畴，以竹、菊、兰。水仙等为主要题材。文征明一生勤于创作，至老不衰，在他90高龄时，仍手不释笔。

唐寅（1470年—1523年），字子畏，一字伯虎，号六如居士，江苏吴县人，出生于商贾家庭，29岁时应天府中解元，次年（1499年）会试北京，因考场舞弊案罹祸下狱，被罢为吏，不就而归，后筑室桃花坞，以鬻文卖画为生。他才气横溢，性格狂放，传世有很多关于他笑傲名教的轶闻传说，唐寅画先学沈周，后受周臣的影响，上追南宋李、马、夏的画艺，同时又继承了文人画的蓄蕴品质，形成自己独特的面目。在山水画、人物画和花鸟画方面，唐寅都取得了很好的成绩。

唐寅的山水画多取崇山峻岭的雄险景致，亦善绘溪桥亭榭的田园风情，如早期作品《骑驴归思图》、中年的《山路松声图》、晚年的《西州话旧图》都是传世杰作；他对人物画也特别擅长，多描绘历史故事与仕女像，特别出名的有《孟蜀宫妓图》、《陶谷赠词图》、《秋风纨扇图》等，活现出纨扇仕女楚楚动人的风韵；唐寅的花鸟画表现出他的多才多艺，著名作品有《墨梅图》、《枯枝鹦鹆图》等。

仇英（约1505年—1552年），字实父，号十洲，江苏太仓人，后居苏州，出身贫苦，拜院体画家周臣为师。又与文征明、唐寅结识。经过长期观摩和悉心临仿，他的画艺大进。他擅长画人物、山水、花鸟、界画，尤长于临摹。主要以工笔重彩的三赵（伯驹、伯骕、孟頫）作品为主，传世的《桃源仙境图》、《栈道图》可谓显例。《桃源仙境图》绘重岩叠岭在青山白云环绕下，几位隐士临流赏琴，遥见远处楼阁隐现。纯用石青的大片山石肃整有矩，秀丽高雅。与幽闲的人物情景交融，俨如脱尘的神仙景象。而《莲溪渔隐图》则山清水秀，用色典雅，有文人画韵味，可称作疏淡的小青绿风格。仇英还能作水墨写意画，传世有《柳下眠琴图》《右军书扇图》，他专重人物的《职贡图》，或者带背景的《修竹仕女图》，《摹萧照中兴瑞应图》人物各具神采，服饰器物造型谨严，线描劲爽，表现出很高的造诣。

仇英跻身于"吴门四家"行列，应归结于他的勤奋不倦，作画时有"耳不闻鼓吹阗骈之声"的专注精神，他的摹古作品人都也参入自己的笔意，有时代特色。于他在世时就饮誉各地。对于明清宫廷、民间与文人的绘画都产生过相当的影响。

沈周、文征明、唐寅和仇英四家同在吴郡，声气相通，又多他山之助，故能各臻其极，一时从学者如云，蔚而成为画坛的主流，吴门画派其他较有成就的画家是文嘉、文伯仁、陈道复、钱谷、陆治、陆师道、王谷祥、居节、周天球等人。

唐寅绘画自成一格

明代有"江南第一风流才子"之称的画家唐寅（1470 年—1523 年），字子畏，一字伯虎，号六如居士，又号桃花庵主，吴县（今江苏省苏州市）人。出身卑微商贩之家，早年发愤读书，弘治十一年（1498年）中应天府（今江苏省南京市）解元。会试时却因程敏政泄露试题一事牵连，被投入监狱。正德九年（1514年），他投奔西宁王朱宸濠帐下，后发现朱宸濠有不轨之意，于是返回江苏。后因仕途经历两次坎坷遂转而筑室于桃花坞，潜心诗文书画以终。

唐寅像

唐寅诗文流畅通俗，与祝允明、文征明、徐祯卿并称"吴中四才子"。书法则师赵孟頫，风格奇峭。绘画上也自呈风貌。他早年师事周臣，主要吸取李唐、刘松年的传统，后博取众长，师古而不泥古，又漫游名山大川，兼之读书多，修养深，阅历多，故而无论在山水画、人物画，还是花鸟画上都能自成一格。其作品既严谨缜密，又清逸洒脱。

唐寅《临韩熙载夜宴图卷》(部分)

唐寅《洞庭黄茅渚诸卷》

　　唐寅的山水画，一种较多受周臣和李、刘影响，呈院体风貌，代表作品有《骑驴归思图》《山路松声图》等。另一种山水画多参以元人画法，呈秀润清俊的细笔画风，更多文人画意趣，代表作品有《事茗图》《毅庵图》等。现代山水画家吴湖帆曾说："六如居士画，昔人论曰'远攻李唐，足任偏师'，而不知其疏宕处得力于夏禹玉甚深。又能以南宋之韵表北宋之骨，正所谓运百炼钢若绕指柔者，发千古画苑奇格，不独与沈（周）、文（征明）角胜一时也"。在唐寅的画中，笔墨分明而不刻露，浑融而不模糊，和明代一味单纯借鉴南宋画派流于疏狂简率，缺少含蓄全然不同。他的表现技法变易了李唐南宋画派以面为主，以沉雄刚健的斧劈皴法为主的作法，而改为细长清劲的线条或长皴来构图，呈现出一种腴秀明净的装饰味，后人称为"青出于蓝"。

　　唐寅在人物画上也有很深的造诣，题材多绘古今仕女和历史故事，造型准确优美，情态飘洒高雅，许多内容富有讽喻世态之意。早年以工笔重彩为主，用笔精细，设色艳丽，后来又兼长水墨写意，洗练流畅，笔简意赅。所作仕女，尤有特色，对后世影响较大。唐寅人物画体貌上有两种：一种是线条劲细，敷色妍丽，气质华贵，出自南宋院体的如《孟蜀宫妓图》《簪花仕女图》等；另一种呈兴意潇洒，运笔如行云流水，出自南宋梁楷、法常，并具有元人气息的如《东方朔》《秋风纨扇图》《牡丹仕女图》等。

唐寅《灌木丛篠图轴》

唐寅所作的花鸟画以水墨为主，画法介于沈周、林良之间，工稳而不一味精谨，洒脱而又非随意纷披，呈现一种活泼，秀逸的格凋。存世作品有《枯槎鹦鹆图》《墨梅图》等。

明代王世贞评唐寅的画"秀润缜密而有韵度"（《艺苑卮言》），大体上概括了他的艺术特征。清恽格在《南田画跋》中说唐寅"笔墨灵逸，李唐刻画之迹为之一变"，都说明了唐寅能将"南画"重韵和"北画"尚骨的特点巧妙地揉合一起，形成了一家之体。

唐寅《风竹图轴》

仇英精研画技

仇英《柳下眠琴图轴》

仇英是明代中期画坛上一位难得的全能画家，精研画技，无所不工，青绿、浅绛、水墨、工笔、写意俱极精妙。

仇英（约 1505 年—1552 年），字实父，号十洲，江苏太仓人，后居苏州。当过漆工，善画。在苏州得到老画师周臣的赏识，被收为学生。后来又结识了著名文人画家文征明及其子文嘉，并和艺文之士陆师道、周天球、彭年等结成至友，他与唐寅有同学之谊，与祝允明亦交谊笃厚。这对于他的画艺和学识的长进，起了十分重要的作用。

嘉靖二十六年（1547 年），仇英曾先后在著名鉴藏家项元汴、周六观、陈官等家作画，得以目睹项氏家藏宋元名家画千余幅，经潜心观赏和刻苦临摹，画艺大进。以精湛而全面的才能蜚声画坛，并跻身于吴门四家之列。

仇英精研"六法"，人物、山水、走兽、界画等俱能。他临古功深，主要以工笔重彩的三赵（伯驹、伯骕、孟頫）作品为主。"精丽艳逸，无愧古人"，为近代高手第一。他在继承唐宋以来优秀传统的基础上，吸取民间艺术和文人画之长，形成自己的特色。

仇英对青绿山水和工笔人物尤有建树。其青绿山水画以繁富、典雅著称。青绿山水主要师承南宋赵伯驹、赵伯骕，山水境界宏大繁复，物象精细入微，色彩浓丽而不失明雅，严谨精丽中透出文人画的妍雅温润，具有雅俗共赏的格调，存世代表作有：《桃源仙境图》《秋江待渡图》《桃村草堂图》等。《桃源仙境图》绘重岩叠岭在青山白云环绕下，几位隐士临流赏琴，遥见远处楼阁隐现。纯用石青的大片山石肃整有矩、秀丽高雅，与幽闲的人物情景交融，俨如脱尘的神仙景象。《莲溪渔隐图》则山清水秀，用色典雅，有文人画韵味，可称作疏淡的小青绿风格。仇英人物画笔力刚健，造型准确，对人物精神刻划自然，有工笔重彩和粗笔写意两种面貌，其

仇英《停琴听阮图轴》

了解历史丛书

中国历史上著名的画家

精丽的仕女画影响尤大，形成仇派仕女画风，仇英善于将宋人的精工和元人的放逸融为一体，他结合宋元技法之长，兼容院体画和文人画的笔墨意韵，形成自出己意的变格之作。仇英人物画代表作有：《摹萧照（中兴瑞应图）》《柳下眠琴图》《蕉阴结夏图》等。

仇英精研画技，他的作品有鲜明的时代特点，饮誉各地，对明清宫廷、民间与文人的绘画产生了相当大的影响。

画家文征明去世

文征明（1470 年—1559 年），明代书画家、文学家，初名壁，又名璧，字征明，号衡山居士，南直隶长洲县（今江苏吴县）人，学画于沈周，世人称之为能诗、文、书、画的全才，又与祝允明、唐寅、徐祯卿相切磋，人称"吴中四才子"。崇尚隐逸的生活，将诗书画三位一体发展到完美境界。诗风清新秀丽，长于写景抒情。书法兼取众长，笔法苍劲有力，结构张弛有致，工于行草书，尤精于小楷，亦能隶书。为文善于叙事。绘画擅长山水，多画江南湖山庭园，亦善花卉、人物，画作秀丽细致，静穆温雅。代表作有《古木寒泉》《兰竹画》《昭君图》等，学生众多，形成"吴门画派"，与沈周、唐寅、仇英合称"明四家"。文征明为人不谀权贵，耿直清高。宁王朱宸濠羡慕其才，以重礼相聘，他辞病不就。正德末

文征明《墨竹图轴》

年以岁贡生赴吏部考试，因得到巡抚李充嗣推荐授翰林院待诏。世宗即位后，预修《武宗实录》，官侍经筵，后辞职返回故里。遗著有《甫田集》。

文征明《真赏斋图卷》(1557 年 88 岁时作)

董其昌开创松江画派

明正德、嘉靖的一百年中，以吴门画派为主流，水墨山水画所占比例最大，浅绛次之，重彩绝少，而写意花鸟画有一定分量，人物亦不多见，总的是师承元四家，开始远离生活，讲求笔墨趣味，偶有创获，也只能是表现在大写意和临摹领域方面。

董其昌《昼锦堂图轴》

董其昌《书画合璧卷》

董其昌《山水小景八幅册》（之二）

　　当历史进入明代后期万历年间，绘画又有新的变化，由董其昌扮演主要角色，将中国绘画发展脉络分成王维、李思训父子为代表的南北宗，比附为佛家的南北宗，推崇南宗为"文人画"，有书卷气，是所谓"顿悟"的成果，非功力积累而能致；北宗为"行家画"，承认有深厚的根底，下过苦练功夫，但乏天趣，是所谓"渐修"的后果。

　　董其昌（1555年—1636年），字玄宰，号思白，华亭（今上海松江）人，官至南京礼部尚书，他精于鉴赏，富书画收藏，是明代后期的书画大家。董其昌的历史地位与沈周、文征明相等，但在画论上独出心裁，一些画家在其理论指导下，左右上下风从，盛极一时。董氏深明画理，是士大夫中之佼佼者。董氏山水画水墨、浅绛、重彩兼而有之，以水墨为多。自运讲求"生"、"拙"合作处自具风采，从这一点说，他是"发展"了的吴门派，即是所谓文人画的继续。

针对当时画坛出现的弊端，董其昌强调作画的"士气"：要以书入画，"下笔须有凹凸之形"；又强调山水画布局中的"势"，只三四分合而运大轴的章法，简化了宋元以来撷取自然的树石造型，他力主"画欲暗不欲明"的含蓄性与生动性，声称要集古人之大成而自出机

陈继儒（董其昌挚友）《云山幽趣图轴》

轴，以王蒙《青卞隐居图》为母本的《青卞图》《江干三树图》和据关仝同名画创作的《关山雪霁图》是其传世的水墨画代表作，其中《江干三树图》用泼墨法作平远景，近处老树3株，大墨点作叶，对岸雾山淡墨一抹，笔法拙中带秀，气势赫然。画上自题："王洽泼墨，李成惜墨，两家合之，乃成画诀。"这种以题画诗文阐述画理的方式，是董其昌作画的鲜明特征。设色没骨画《昼锦堂图》卷和小青绿《秋兴八景图》册一般认为是他设色画的代表，或细秀工整，温润醇厚，或淡雅俊丽，沉着痛快。

　　董其昌最初学画，追随同乡。文人画家顾正谊（1573年—1620年，字仲方，号亭林）和莫是龙（?—1587年，字云卿），作元人法，又与陈继儒（1558年—1639年，字仲醇，号眉公）为莫逆之交，他们爱好相近，艺术兴趣相投，画史习惯按他们的籍贯称之为"松江画派"。他们的艺术主张与创作实践，被后人奉为绘画的正统传派，受到清代统治阶级的喜爱与推崇，影响深远。

　　董其昌艺术主张的实践者有程嘉燧、李流芳、杨父骢、张学曾、卞文瑜、邵弥、王时敏、王鉴等，他们与董其昌一起被称为"画中九友"。其中的王时敏和王鉴还是清初继承与光大"南北宗"说的得力主将。

计成著《园冶》

计成（1582 年—？），字无否，明末苏州吴江人，是一位能诗善画的造园家。青年时代游赏祖国名山大川，中年回到江南，专事造园，并且依据自己丰富的实践经验写成《园冶》一书，详尽论述造园理论，被誉为世界造园学的最早名著。

《园冶》全面总结了我国自然山水式园林的造园经验、营筑原则和具体手法。全书分为兴造论和园说两部分。兴造论中高度概括和精辟总结了中国古典园林艺术特征。提出造园要"巧于因借，精在体宜"，"虽由人作，宛自天开"的独到见解。强调"构园无格"，造园无固定格式，须从客观条件出发，扬长避短，发挥其特点"随基势之高下，体形之端正，碍木删桠，泉流水注，互相借资，宜亭斯亭，宜榭斯榭，不妨偏径，顿置婉转"，达到"精而合宜"，

拙政园远借北寺塔，体现了《园冶》提出的"嘉则收之"的借景构想。

精巧空灵的海棠春坞庭院，这是小庭院处理的佳例。

"构园得体"的效果。强调在园林经营中，师法自然，经概括提炼，创出真山真水意境，将自然美与人工美融为一体，并且要突破空间的局限，充分扩大视野和观赏的广度、深度，提出"园虽别内外，得景则无拘远近"，使园内外的景色融为一体。

园说中分相地、立基、屋宇、装折、门窗、墙垣、铺地、掇山、选石、借景等10专项并附图235幅。在园说中提出把园林意境的经营和人们的心灵感受联系起来。并在10个专项中，具体详尽论述从园林规划布局、园林建筑、植物的配置和艺术风格乃至具体的施工工艺和作法等。最突出的一点就是，计成在对假山石的选用上破除当时对太湖石的迷信，提出扩大用材范围，不仅节省造价，而且还收到意想不到的效果。

计成通过大量造园实践，在《园冶》一书中系统总结了我国古典园林的造园经验，极大推动了我国园林艺术特别是清代园林的发展。